SPARKNOTES™

차라투스트라는 이렇게 말했다

Thus Spoke Zarathustra

프리드리히 니체

다락원 | Spark Publishing

SPARKNOTES™ 013

차라투스트라는 이렇게 말했다

펴낸이 정효섭
펴낸곳 (주)다락원

초판 1쇄 인쇄 2009년 2월 10일
초판 1쇄 발행 2009년 2월 17일

책임편집 안창열
디자인 손혜정
번역 한성간
표지삽화 손창복

다락원 경기도 파주시 교하읍 문발리 509-1
내용문의: (031)955-7272(내선 400)
구입문의: (02)736-2031(내선 112~114)
Fax:(02)732-2037
출판등록 1977년 9월 16일 제300-1977-23호

Copyright © 2009, 다락원

값 7,000원

ISBN 978-89-5995-178-9 43740

http://www.darakwon.co.kr
일이관지(一以貫之) 논술팀이 제시한 실전 연습문제 답안작성
논술가이드는 www.darakwon.co.kr에서 무료 제공합니다.

세계의 교양을 읽는다

고전을 왜 읽는가?

인간의 삶과 세상에 대한 영원한 물음이 있기 때문이다. 시대와 사상을 뛰어넘어 지금 여기 우리에게 필요한 물음이 없는 고전은 더 이상 고전이 아니다. 인간과 삶에 대한 근원적인 물음 없이 고전을 읽는다면 자신과 인간에 대한 성찰과 지혜로 이어지지 않는다. 논술 시험 때문에, 과제물 때문에, 아니면 남들이 읽으니까, 나도 읽는다는 식이라면 그 책은 죽은 책일 수밖에 없다.

고전을 살아 있는 책으로 만드는 이 '물음!'에 답하기 위해서는 좋은 길잡이가 필요하다. 오랜 기간 동안 미국의 고교생과 대학 주니어들이 시험, 에세이 작성, 심층토론 준비를 위해 바이블처럼 애용해온 'SPARKNOTES'와 'CliffsNotes'는 바로 그런 좋은 길잡이의 표본이다. 이 두 시리즈가 원조 논술연구모임인 '일이관지(一以貫之)' 팀의 촌철살인적 해설을 곁들여 논술로 고민중인 대한민국 학생 여러분을 찾아간다.

SPARKNOTES와 CliffsNotes의 가장 큰 장점은 방대하고 난해한 고전을 Chapter별로 요약하고 분석해서 원전의 내용에 보다 쉽고 체계적으로 접근하는 신속·간편성이라고 할 수 있다. 여기에 '一以貫之' 팀이 원전의 중요한 문제의식, 즉 근원적 '물음'은 무엇이며, 그 '물음'은 오늘날에도 여전히 유효한가, 라는 질문을 다시 던진다.

대입논술로 고민하고, 자칭 타칭의 고전이 넘쳐나는 오늘의 독서풍토에서 지적 정복이 긴박한 대한민국 학생들에게 감히 이 시리즈를 자신있게 권한다.

一以貫之 논술연구모임 연구실장 이호곤

차례

이 책의 구성

SPARKNOTES와 CliffsNotes는 방대하고 난해한 원작을 보다 쉽게 이해할 수 있도록 돕는 안내서입니다. 여기에는 원작 이해를 돕기 위해 매 장마다 '요점 정리(또는 줄거리)'와 '풀어보기'가 실려 있습니다. '요점 정리(또는 줄거리)'에는 원저의 내용을 일목요연하게 정리해 놓아 저자가 전달하려는 내용을 어렵지 않게 파악할 수 있습니다. '풀어보기'에서는 철학서의 경우, 원저에 담긴 저자의 사상이나 관련 철학, 시대 상황, 논점 등을, 문학 작품인 경우에는 원작에 담긴 문학적 경향, 등장인물의 심리상태, 주제 등을 설명해 놓았습니다. 분석적이고 비판적인 글읽기의 바탕이 되는 요소들이죠. 비소설이나 소설을 막론하고 분석적이고 비판적인 글읽기는 독자에게 꼭 필요한 자질입니다.

그밖에도 원저를 좀더 깊이 복습해서 제대로 소화할 수 있도록 돕기 위해 'Study Questions'와 'Review Quiz' 등을 마련해 놓았습니다.

* 〈 〉는 철학서, 장편소설, 중편소설, 수필집, 시집. " "는 단편소설, 논문
* 작품명은 독자의 이해를 돕기 위해 예외적인 경우를 제외하고는 영어식으로 표기함.

❍ 일이관지(一以貫之) 논술노트

권말에는 일이관지 논술팀에서 작성한 논술노트가 실려 있습니다. 원저를 우리의 삶과 연계시켜 비판적 사고와 논리적 글쓰기의 방향을 제시합니다.

❍ 실전 연습문제

논술예제와 기출문제를 통해서는 원작을 바탕으로 출제 가능성이 높은 논점을 함께 숙고해 봅니다.

간추린 명저 노트

프리드리히 니체 Friedrich Nietzsche는 1844년 독일 로켄에서 루터교 목사의 아들로 태어났다. 아버지가 정신이상으로 일찍 세상을 떠나면서 그는 집안의 유일한 남자로 여자들에 둘러싸여 성장했다. 대학 시절에는 실력이 출중해서 담당교수로부터 높은 평가를 받아 24세 때 논문도 없이 박사학위를 받고 문헌학 교수 자리를 얻었으며, 비록 나중에는 비판하게 되지만 당시에는 임마누엘 칸트와 아르투르 쇼펜하우어의 철학에 심취했다.

1870년 프랑스-프러시아 전쟁에서 의무병으로 복무하던 니체는 설사, 디프테리아, 매독에 걸렸고, 이후에도 평생 편두통, 소화불량, 불면증, 극심한 시력저하로 고생했다.

당시의 독일은 과학, 지식, 그리고 미래에 대한 낙관론이 지배했으나 니체는 그 시대를 '허무주의'로 규정지었다. 한때 유럽 사상에 막대한 영향을 미쳤던 기독교 신앙은 그 막강한 힘을 잃었으며(니체는 그 상황을 "신은 죽었다"고 선언), 과학이 발전하고 다윈의 진화론이 등장하면서 세계는 점차 무의미하고 혼란스러운 상태로 여겨지게 되었다. 니체는 유럽의 에너지와 의지를 이끌어갈 어떤 긍정적인 가치의 필요성을 깨달았고, 유럽의 허무주의를 방치하면 다음 세기에는 지구 역사상 가장 참혹한 전쟁이 터질 것이라고 예언했다.

니체는 첫 저서인 〈비극의 탄생 The Birth of Tragedy〉(1872)에서 절친했던 작곡가 리하르트 바그너를 칭송했지만, 나중에는 그의 반유대주의, 민족주의, 기독교 신앙에 실망하면서 등을 돌렸고, 골수 민족주의자이자 반유대주의자였던 누이 엘리자베스의 영향까지 겹쳐 평생 독일 민족주의와 반유대주의(그리고 기독교)를 철저히 반대했다.

니체의 성숙기는 〈인간적인, 너무나 인간적인 Human, All-Too-Human〉(1878)의 출간과 더불어 시작되었고, 1883년과 1885년 사이에 4부작 〈차라투스트라는 이렇게 말했다 Thus Spoke Zarathustra〉(이하 〈차라투스트라〉)가 완성되면서 정점에 이르렀다. 그는 혹독한 병마와 싸우면서 첫 3부를 각각 열흘이라는 짧은 시간에 완성해 따로따로 출간했으며, 제4부는 1892년에 가서야 발표했다. 위장병, 편두통, 불면증에 끊임없이 시달리며 비참할 정도로 외롭게 살면서도 저작활동과 사고력은 믿을 수 없을 만큼 왕성했던 것.

건강은 급속히 나빠졌지만, 글의 양은 점점 늘어나서 1886년부터 1888년 사이에는 〈선과 악을 넘어서 Beyond Good and Evil〉, 〈도덕의 계보 Genealogy of Morals〉, 〈우상의 황혼 The Twilight of the Idols〉, 〈안티 그리스도 The

Antichrist〉,〈이 사람을 보라 *Ecce Homo*〉,〈바그너의 경우 *The Case of Wagner*〉,〈니체 대 바그너 *Nietzsche Contra Wagner*〉를 출간했다. 1889년, 거리를 걷다가 쓰러진 그는 11년간 정신병에서 헤어나지 못하고 1900년 숨을 거두었다.

니체가 죽자 유산 집행자가 된 누이는 오빠의 명성을 왜곡해 친(親)나치 입장을 옹호했고, 자신의 입장을 지지하는 것처럼 보이게 하기 위해 저서도 선별적으로 출판했다. 그 결과, 20세기 전반에는 니체가 저서 곳곳에서 독일 민족주의와 반유대주의에 대한 반대 입장을 분명히 표명했음에도 불구하고 마치 나치주의 철학에 앞장선 인물처럼 잘못 평가되었다.

그 어느 사상가보다 20세기 사상에 엄청난 영향을 미친 니체는 유럽 철학에 나타난 거의 모든 새로운 운동에 커다란 영감을 주었다. 니체의 비평과 방법론은 시대를 훨씬 앞질렀으며, 그에게서 영향을 많이 받은 인물로는 마르틴 하이데거, 미셸 푸코, 토마스 만, 조지 버나드 쇼, W. B. 예이츠, 제임스 조이스, 자크 데리다, 지그문트 프로이트, 장 폴 사르트르 등을 꼽을 수 있다.

| Who's who |

임마누엘 칸트(Immanuel Kant. 1724-1804): 독일 철학자. 데카르트의 합리주의(도리·이성·논리가 일체를 지배한다고 보고, 비합리와 우연적인 것을 배척)와 베이컨의 경험주의(관찰과 실험을 중시)를 종합해 비판

철학을 탄생시켰다. 주요 저서는 〈순수이성비판〉, 〈실천이성비판〉, 〈판단력비판〉등.

아르투르 쇼펜하우어(Arthur Schopenhauer. 1788-1860): 독일 철학자이자 염세사상의 대표자. 칸트의 인식론, 플라톤의 이데아론, 인도 철학의 범신론으로부터 영향을 받았고, 니체를 거쳐 생의 철학, 실존 철학, 인간학 등에 영향을 미침. 주요 저서는 〈의지와 표상으로서의 세계〉 등.

리하르트 바그너(Richard Wagner. 1813-83): 독일 작곡가. 쇼펜하우어의 염세철학과 기독교·불교의 영향을 받음. 유태인, 특히 유태인 작곡가들을 독일에 해로운 요소라고 비난했다. 주요 저서는 〈독일 예술과 독일 정치〉 등.

마르틴 하이데거(Martin Heidegger. 1889-1976): 독일 실존철학자. 인간 존재 뒤에 영원불변의 뭔가가 있다는 형이상학을 비판하고, 불안, 심려, 죽음, 양심 등, 실존에 관계되는 여러 양태를 조직적·포괄적으로 연구했다. 주요 저서는 〈존재와 시간〉 등.

미셸 푸코(Michel P. Foucault. 1926-84): 프랑스 철학자, 역사가, 사회학자. 모든 것은 사회구조와 언어구조 등이 결정하며, 인간의 자아나 관념 역시 이 구조 안에서 탄생·전개·소멸된다고 주장했다. 주요 저서는 〈성의 역사〉, 〈감시와 처벌〉 등.

토마스 만(Thomas Mann. 1875-1955): 독일 소설가, 평론가. 감성과 이성, 육체와 정신, 삶과 죽음 등, 이른바 모순된 세계의 대립을 주로 다루었다. 1929년 노벨상 수상. 주요 작품은 〈마(魔)의 산〉 등.

조지 버나드 쇼(George Bernard Shaw. 1856-1950): 아일랜드 극작가, 소설가, 비평가. 희극을 통해 종교적 자각을 탐구했고, 사회와 사회악의 결탁을 파헤쳐 풍자했다. 1925년 노벨상 수상. 주요 작품은 〈인간과 초인〉 등.

W. B. 예이츠(William Butler Yeats. 1865-1939): 아일랜드 시인 겸 극작가. 낭만적인 주제와 몽환적인 심상을 즐겨 묘사했다. 1923년 노벨상 수상. 주요 시집은 〈오이진의 방랑〉, 〈쿨 호의 백조〉 등.

제임스 조이스(James Joyce. 1882-1941): 아일랜드 소설가, 시인. '의식의 흐름(stream of consciousness)' 기법을 도입해 인간의 내면세계를 묘사했다. 주요 작품은 〈율리시스〉, 〈젊은 예술가의 초상〉 등.

제임스 조이스(James Joyce. 1882-1941): 아일랜드 소설가, 시인. '의식의 흐름(stream of consciousness)' 기법을 도입해 인간의 내면세계를 묘사했다. 주요 작품은 〈율리시스〉, 〈젊은 예술가의 초상〉 등.

자크 데리다(Jacques Derrida. 1930-2004): 프랑스 철학자. 시간과 공간을 관통하는 진리 대신 '지금-여기 있는' 인간 존재 자체에 주목해서 형이상학의 잔재를 비판하고 해체를 주장했다. 주요 저서는 〈목소리와 현상〉 등.

지그문트 프로이트(Sigmund Freud. 1856-1939): 오스트리아의 심리학자로 정신분석의 창시자. 심리학과 정신의학뿐만 아니라 사회학, 사회심리학, 범죄학 등에도 커다란 영향을 주었다. 주요 저서는 〈꿈의 해석〉 등.

장 폴 사르트르(Jean-Paul Sartre. 1905-80): 프랑스 철학자, 작가. 인간의 본질을 결정하는 신은 존재하지 않으므로 개인은 스스로 인간의 존재 방식을 선택하도록 운명 지어져 있다고 주장했다. 1964년 노벨상 수상 거부. 주요 저서는 〈존재와 무〉, 소설 〈구토〉 등.

　　10년 동안 산 속 동굴에서 혼자 살다가 하산하는 차라투스트라. 지혜와 사랑으로 충만한 그는 인간들에게 초인에 대해 가르쳐주고 싶은 마음이 굴뚝같다. '얼룩소' 마을에 도착한 그는 초인이 지구의 가치가 되어야 한다고 선언한다. 인간은 짐승과 초인을 연결해 주는 존재에 불과한 만큼 이것을 극복해야 한다. 초인은 인간사회의 모든 편견과 도덕으로부터 자유롭고 독자적인 가치와 목적을 창출한다.

　　사람들은 대부분 차라투스트라의 말을 알아듣지 못하고, 초인에는 관심이 없는 것 같다. 줄 타는 광대만 예외인데, 뒤를 쫓아온 어릿광대에 놀라 줄에서 떨어져 곧 죽는다. 하산 첫날이 저물자 차라투스트라는 시장에 있는 사람들('무리')의 마음을 움직이지 못하는 무능을 한탄하면서 대중을 변화시키려는 노력을 포기하고 스스로 무리와 다르다고 생각하는 개인들을 찾아 설교하기로 마음먹는다.

　　첫 3부는 대부분 매우 상징적이고 모호한 차라투스트라의 가르침과 설교로 채워져 있지만, 거의 대부분 성숙한 니체 철학의 일반 주제들을 다룬다. 그는 노력과 시련을 중요하게 생각한다. 초인에 이르는 길은 어렵고 많은 희생을 요구하기 때문이다. 초인이 되려는 노력은 산을 올라가는

것으로 상징되기도 하고, 초인의 근심 걱정 없는 자유 정신
은 웃음과 춤을 통해 나타나기도 한다.

　차라투스트라는 모든 형태의 집단행동과 '오합지졸'을
격렬하게 비판한다. 기독교 신앙은 육체와 현세에 대한 증오,
그리고 성령과 내세에 대한 믿음을 내세워 이 두 가지를 극
복하려는 노력이 그 바탕을 이루고 있다. 민족주의와 대중
정치 역시 지치고 나약하거나 병든 사람들이 이러한 자신
으로부터 도망치려는 방편이다. 아주 강한 자들은 끊임없
이 노력하고, 강하지 못한 자들은 포기하면서 종교, 민족주
의, 민주주의, 또는 다른 탈출수단에 의지한다.

　차라투스트라의 설교는 모든 것이 끝없이 반복된다는
영원회귀 이론에서 절정에 이른다. 이 이론은 오직 삶의 매
순간을 책임지고 하나하나의 순간이 되풀이되는 것 외에는
더 이상 아무것도 바라지 않는 의지력을 지닌 초인만이 받
아들일 수 있다. 오합지졸의 평범함이 개선되지 않고 영원
히 반복된다는 생각을 도저히 참을 수 없는 차라투스트라
는 영원회귀를 직시하기가 난감하다.

　제4부에서 차라투스트라는 초인의 경지에 가까워졌지
만 아직은 부족한 많은 사람들을 자기 동굴로 보낸다. 그곳
에서 그들은 축제와 노래를 즐긴다. 이 책은 차라투스트라
가 영원회귀와 "모든 기쁨은 깊고 깊은 영겁을 원한다"는
생각을 기꺼이 받아들이는 것으로 막을 내린다.

● **차라투스트라** Zarathustra | 기원전 5세기에 여행하면서 가르침을 펼쳤던 페르시아 예언자.(그리스 사람들과 서방세계 사람들은 대부분 '조로아스터'라고 지칭. 조로아스터교의 창시자.) 우주란 기본적으로 선과 악의 싸움으로 특징 지워진다고 생각한 최초의 철학자. 선과 악에 대해 설교하는 최초의 예언자는 먼저 선과 악을 초월해야 한다고 생각하는 니체는 이 책에서 그를 주인공으로 내세운다. 차라투스트라는 초인은 선과 악의 개념을 초월하고 영원회귀를 받아들인 자라고 가르친다. 니체가 차라투스트라를 초인이라고 생각했는지는 분명치 않다. 만약 그렇다면 차라투스트라는 제4부에서 초인이 된다. 마침내 영원회귀를 받아들이기 때문.

● **초인** overman | 특정한 인간을 지칭하는 것이 아니라 우리 모두가 지향해야 할 개인적 이상이자 목표. 자기 자신을 완전히 극복해서 자력으로 만드는 것 외에는 어떤 법도 따르지 않는 것이고, 주변 사람들의 편견과 추측으로부터 자유롭게 해주는 극기, 창조적인 의지, 그리고 강력한 권력에의 의지를 의미한다. 원어로는 übermensch(위버멘쉬), 차라투

스트라(니체)는 아직 초인은 존재한 일이 없지만, 우리는 초인을 출현시키도록 노력해야 한다고 말한다. 우리는 비범한 인물에 의해서만 인간으로서의 존재가치를 갖게 된다.

● **허무주의** nihilism | 본질적으로 "믿을 것은 아무것도 없다"는 의미. 19세기 말의 유럽을 허무주의로 규정했던 니체가 살아 있었다면 20세기 말에는 더더욱 허무적으로 느꼈을 것이다. 우리는 더 이상 신이 우리의 삶에 의미와 목적을 준다는 것을 믿지 않지만, 그렇다고 신을 대체할 것도 찾지 못했다고 니체는 말한다. 따라서 우리는 삶을 본질적으로 무의미하게 보고, 새로운 것을 만들거나 새로운 것이 되려는 의지도 없다. 목적이 없으면 평범함과 위안의 환상 세계로 더욱더 깊이 빠져들게 되고, 허무주의는 광신적 민족주의를 가져와 끔찍한 전쟁으로 이어질지도 모를 일이다. 니체의 예상은 적중했다.

● **영원회귀** eternal recurrence | 모든 일은 영원히 반복된다는 이론. 제3부에서 영원회귀에 대한 차라투스트라의 설명은 이렇다. 과거가 무한히 뒤로 뻗어난다면 일어날 수 있었던 어떤 일이 과거 어느 시점에 이미 분명히 일어났을 것이다. 이런 논리라면 지금 이 순간도 틀림없이 과거의 어느 시점에 일어났을 것이다. 마찬가지로 미래 역시 무한하다

면 현재를 포함해서 모든 것이 미래의 어느 시점에 다시 일어날 것이다. 발터 카우프만*은 이것을 잘못된 과학적 가설이라고 간주한다. 질 들뢰즈**는 우주가 끊임없이 변하고 생성되고 있기 때문에 고정된 순간, 즉 실존의 순간은 없다는 사실을 본질적으로 표현한 것이라고 해석한다. 초인은 자기의 과거와 자기 자신이 전적으로 자기의지에 의해 만들어진 것으로 볼 수 있고, (변화를 포함한) 이 과정이 영원히 거듭된다는 생각에 기쁨을 느낄 수 있다.

● **춤** dance | 니체가 종종 홀가분한 정신을 은유하는 단어로 사용한다. 너무 심각하고, 신, 진리, 도덕 같은 절대적인 것에 너무 얽매인 사람은 춤을 추지 못한다. 이처럼 절대적인 것으로부터 스스로를 해방시킨 초인, 즉 자유로운 영혼은 그 어떤 심각한 것에도 짓눌리지 않고 춤을 출 수 있다. 춤은 창조적인 정신이 자유롭게 그리고 자신을 위해 생각하도록 해주는 일종의 정신적 융통성과 민첩성을 은유하기도 한다.

---

* **발터 카우프만**(Walter Kaufmann, 1921-80): 미국 철학자, 번역가, 시인. 죽음, 철학, 유신론, 무신론, 기독교, 유대교, 문학 등, 광범위한 분야에 걸쳐 많은 글을 썼다. 특히 니체 연구와 번역으로 유명함.

** **질 들뢰즈**(Gilles Deleuze, 1925-95): 프랑스 철학자. 서양의 2대 지적 전통인 경험론과 관념론의 기초 형태를 비판적으로 해명했다. 철학·문학·영화·예술 분야에서 많은 저작을 남김. 주요 저서는 〈차이와 반복〉, 〈자본주의와 정신분열: 안티 오이디푸스〉 등.

● **권력에의 의지** will to power | 모든 생명체를 움직이게 하는 근본적인 힘. 자유 본능이라고도 부른다. 어떻게 해서든지 제약에서 벗어나고자 하고 가능한 한 많이 다른 사람의 의지를 지배하려는 동인(動因)이다. 권력 의지가 세련되면 그 자체에 지배당하고 복종할 수 있게 된다. 의지들 사이에서 권력을 얻고 스스로를 극복하기 위해 끊임없이 노력한다는 것은 우주에서는 그 어느 것도 오랫동안 고정된 상태를 유지할 수 없다는 의미다. 이처럼 우주의 모든 것은 끊임없이 변화한다.

● **극복** overcoming | '초월(over-)'이 들어간 수많은 단어들 가운데 〈차라투스트라〉에서는 '극복'과 '초인'만 계속 나온다. 그런데 극복이란 개념이 가장 중심적이라고 할 수 있다. 사람이 나아지려면 과거의 자신을 희생시켜야 한다. 따라서 내가 개선되려면 나 자신을 극복하는 법을 배워야 한다. 니체는 〈선과 악을 넘어서〉에서 사람이 한 부분은 피조물이고 또 한 부분은 창조자라고 말한다. 우리의 개선은 마음속의 창조자가 마음속의 피조물을 고문할 수 있고 다시 만들 수 있다는 사실에 달려 있다. 초인은 스스로를 완전히 극복해서 자신의 전부가 창조자이면서 결코 피조물이 아닌 사람이다. 즉 자신의 전부를 완전하게 책임지는 사람.

● **구토** nausea | 〈차라투스트라〉에서 구토, 즉 혐오감은 통상적으로 평범한 사람들을 생각할 때 일어난다. 특히 제3부에서 차라투스트라는 영원회귀가 가져온 전면적인 결과를 접하는 지독한 일을 당한다. 인간의 평범함이 변함없이 영원히 반복된다고 생각하니 구토를 참을 수 없다.

● **악** evil | 〈차라투스트라〉에서는 우리가 정상적으로 생각하고 있는 악과는 반대되는 의미. 어떤 것은 일정한 도덕의 맥락 안에서만 '악'이다. 특히 도덕에 도전하거나 도덕을 무너뜨리려고 드는 모든 것은 그 도덕에 의해 '악'으로 간주된다. 따라서 차라투스트라에게는 '악'이 자주 좋은 것이다. 즉 '악'은 새로운 것을 위해 좀더 오래된 도덕을 없애는 일이다. 그는 종종 악을 자유 정신과 연관시키고, 초인을 만들기 위해서는 악이 필수적이라고 주장한다.

● **조소** laughter | 춤과 함께 초인이 지니는 일반적인 특성. 니체는 누군가가 타인이나 다른 어떤 것을 경멸하는 행동을 조소로 간주한다. 달리 말하면, 우월감의 표시. 초인은 모든 사물과 모든 인간을 초월했기 때문에 그 자신을 포함해서 조소하지 않는 것이 없다.

● **연민** pity | 니체와 차라투스트라가 짜증스러워하는 것

가운데 하나. 연민(동정심)을 보이는 사람은 다른 사람의 고통에 대해 심술궂고 지나친 관심을 나타내는 것이다. 더군다나 연민은 고통을 겪고 있는 사람에게 비참하고 창피한 기분을 들게 하기 때문에 해를 끼친다.

전체적인 분석과 주제

　〈차라투스트라〉는 서양 철학의 전통에서 보면 참으로 이상하기 짝이 없는 책이다. 성경의 복음서를 흉내 내고 있기 때문. 즉 차라투스트라의 말과 행동은 성경 복음서를 연상시키는 형식으로 묘사되며, 성경적인 비유들도 많이 등장한다. 그러면서도 기독교 신앙을 신랄하게 비판하고 성서와 성자의 이상을 조롱한다. 차라투스트라는 본질적으로 비웃음을 찬양하는 사람이고 자신마저도 비웃을 수 있는 사람이다.

　그리고 이 책은 이미 언급한 바와 같이 질이 아주 고르지 못하다. 니체는 영감이 폭발하면서 열흘 만에 끝낸 원고를 아주 세심하게 손보지 않았음이 분명하다. 이 작품은 필요 이상으로 길며, 자주 자기도취에 빠지고 표현이 어색하다. 비유와 상징, 그리고 사실적인 설명을 얼마만큼 해야 할지를 몰랐던 것 같다. 그러나 훌륭한 면만을 본다면 두 말 할 나위 없이 걸작이다.

　"그 누구를 위한 책도 아니면서 모두를 위한 책 A Book for None and All"이란 부제를 보면, 이 작품의 특이한 형식을 이해하는 데 도움이 된다. 너무도 외롭게 지낸 니체는 분명히 당대에는 자신의 말을 이지적으로 이해할 수 있는 사람이 없을 것이라고 생각했고, 자기 작품이 오해를 받을 것이란 사실을 너무도 잘 알고 있었다. 그리고 그의 글은 '오합지졸'에 대한 사정없는 비판으로 가득하다. 이러한 점에서 본다면, 이 작품은 그 누구를 위한 책도 아니다. 니체는 그의 글이 외면당할 것이 두려웠다. 그러나 또 한편으로는 인류의 운명에 관한 주제를 다루고 있다는 의미에서는 분명히 모두를 위한 책이다. 니체가 이 책을 매우 중요하게 여겼다는 사실과 함께 독자를 전혀 생각하지 않았다는 사실을 감안하면 이 작품이 지닌 광적인 대담성을 이해할 수도 있다. 이러한 목적에 가장 적합한 형식은 성인전(聖人傳)이나 성서가 될 수밖에 없다. 한 가지 다른 점이라면 그의 책은 심각한 사색가를 신비한 존재로 둔갑시킬 비웃음과 풍자를 곁들이고 있다는 것.

우리는 모든 사물의 기본적인 동인(動因)으로서의 권력에의 의지의 원리를 이해해야 전반적인 니체 철학―특히 〈차라투스트라〉―에 접근할 수 있다. 모든 것은 그 어떤 것에 복종해야 하고, 사람이 자신에게 복종할 수 없으면 다른 누군가에게 복종할 수밖에 없다. 진정한 자유는 자신을 지배하는 자에게만 주어진다. 권력에의 의지는 존재하는 것뿐만 아니라 생각에도 적용된다. 따라서 종교, 도덕, 진리 같은 개념들도 모두 삶을 지배하는 권력을 잡기 위해 똑같이 투쟁하게 된다. 모든 것은 끊임없이 투쟁하고 노력하고 극복하기 때문에 아주 오랫동안 고정되어 있는 것은 없다. 모든 것은 계속 변화하고, 영구불변은 환상일 뿐이다.

　니체가 좋아하는 것과 싫어하는 것, 그리고 초인이란 고차원적 개념과 영원회귀는 모두 권력 의지와 모든 것은 항상 변한다는 원칙으로부터 나온다. 예를 들어, 절대적인 것과 하느님을 믿는 기독교 신앙, 민족주의와 민주주의에 대한 오합지졸의 애정, 진리를 향한 학자들의 강박관념은 하나같이 삶에 필수적인 변화, 비영속성, 불평등의 정신과는 상반되는 것으로 비판받을 수 있다. 이러한 변화의 정신을 거역하려고 드는 사람은 삶을 거역하려는 것이므로 분명히 병들고 나약하며 삶에서 탈출하고 싶어할 것이다.

　그러나 초인은 건전한 권력 의지를 완전히 이해하고 있다. 따라서 자신을 완벽하게 지배할 수 있기 때문에 전적으로 자기 의지에 의해 창조된 존재다. 이처럼 그의 성품, 가치, 정신은 정확히 그가 원하는 대로 이루어졌다는 의미에서 초인은 완전히 자유롭고 절대적인 힘을 지닌다.

　들뢰즈는 니체의 영원회귀 개념을 권력에의 의지의 개념과 연계시킨다. 권력에의 의지에 의하면, 우주는 끊임없이 변하고 있기 때문에 그대로 존재하는 그런 사물은 없다. 들뢰즈는 돌아오는 것은 생성되고 있는 존재이고, 따라서 영원회귀는 우주의 근본적인 성질을 나타내는 것이라고 애매하게 말한다. 삶의 매 순간과 생각 또는 행동 하나하나가 자기 의지로 만들어진다는 것을 알 수 있는 초인만이 영원 회귀를 완전히 포용할 수 있다.

〈선과 악을 넘어서〉, 〈도덕의 계보〉는 니체가 〈차라투스트라〉에 나오는 중심 주제들을 좀더 직선적으로 설명하기 위해 집필한 책이다.

Chapter별
정리
노트

제1부

차라투스트라의 머리말

：요점정리

서른 살에 산 속으로 들어가 자유로운 마음과 고독을 즐기며 10년을 보낸 차라투스트라. 그는 마침내 사람들 속으로 돌아가 충만한 지혜를 나눠주기로 마음먹고 저무는 해처럼 산을 내려와 '저 아래로 간다'.

길을 가던 그는 숲속에서 혼자 사는 성자(聖者)를 만난다. 한때 인간을 사랑했으나 사람들의 불완전함이 싫어서 이제는 오직 신만 사랑한다는 성자는 인간에게는 차라투스트라가 가져가는 선물보다는 도움이 필요하다고 말한다. 저들에게는 저들의 짐을 덜어주고 적선을 베풀 사람이 필요하다는 것. 성자와 헤어진 차라투스트라는 이 노인이 "신은 죽었다!"는 소문을 듣지 못했다는 사실이 놀랍다.

차라투스트라는 도시에 내려와 초인을 찬양하는 설교를 한다. 사람은 짐승과 초인 사이를 잇는 밧줄이며 스스로를 극복해야 한다. 밧줄을 건너가는 것은 위험하지만, 내세에 대한 희망 때문에 포기해서는 안 된다. 현세와 현세의 삶에 충실하되 너무도 인간적인 행복, 이성, 도덕, 정의, 동정심을 경멸해라. 그러면 이 대지의 뜻인 초인이 되는 길이 열릴 것이다. 맹세코 대지에 충실할 것이며, 하늘나라에 대한 희망을 설교하는 자들을 믿지 마라.

이 말을 들은 사람들은 코웃음을 친다. 차라투스트라는 말한다. 아직도 초인을 출현시킬 수 있지만 사람들이 점점 길들여지고 가축화되어 곧 최후의 인간(최하급의 인간)만 낳게 될 것이다. 이들 최후의 인간들은 가축의 무리처럼 모두 비슷해서 단순한 쾌락과 평범함을 즐기고 너무 위험하거나 극단적인 것은 두려워한다. "최후의 인간들은 '행복을 찾아냈다'고 말하고는 눈을 깜박거린다"고 차라투스트라가 말하자 사람들은 환호하면서 외쳤다. "차라투스트라여, 우리를 최후의 인간으로 만들어다오. 우리가 그대에게 초인을 선사하겠으니!" 차라투스트라는 서글퍼진다.

그때 줄타기 광대가 도시의 두 탑 사이에 매어놓은 줄을 타기 시작한다. 어릿광대가 그의 뒤를 따라가면서 너무 뒤뚱거리고 천천히 걷는다며 놀려대다가 갑자기 줄타기 광대 머리 위로 훌쩍 뛰어넘는다. 넋을 잃고 허우적대던 광대는 장대를 놓치고는 땅에 떨어진다. 구경꾼들이 혼비백산해서 달아난다. 차라투스트라는 죽어가는 광대 옆에 무릎을 꿇고 악마와 지옥은 없다면서 지옥에 갈 것을 두려워하는 그를 안심시킨다. 광대는 자기 삶은 아무런 의미가 없었으며 사람들이 매질을 하고 변변치 못한 먹이를 미끼로 던져주며 춤을 추도록 훈련시킨 짐승에 지나지 않았다고 말한다. 차라투스트라는 위로의 말을 건넨다. "그렇지 않다. 그대는 위험을 천직으로 삼았다. 그건 결코 멸시당할 일이 아니다."

그날 밤 차라투스트라는 죽은 광대를 묻어주기 위해 도시를 떠나 시골로 향한다. 그는 그날 일을 낚시에 비유한다. "오늘 낚시는 형편없군. 사람은 잡지 못하고 고작 송장만 얻었으니." 차라투스트라가 송장을 들쳐 메고 길을 가는데 그 어릿광대가 다가와 착한 자들, 의로운 자들, 신앙인들이 그를 미워하니 이 도시를 떠나라고 경고한다. 그나마 사람들이 그의 말을 심각하게 받아들이지 않았기 때문에 목숨을 부지할 수 있었다는 것.

도시 밖으로 나와 길을 가던 차라투스트라는 허기를 느끼고 어느 외딴집 앞에 멈춰 문을 두드린다. 노인이 등불을 들고 나타난다. 그 은자(隱者)는 차라투스트라와 송장에게 모두 먹을 것을 주겠다고 한다. 다시 길을 나선 차라투스트라는 동이 틀 무렵 깊은 숲속에 이르렀고, 송장을 머리맡에 놓고 잠에 빠진다. 몸은 지쳤으나 영혼은 아주 평안했다. 시간 가는 줄 모르고 자다가 오전 햇살이 얼굴을 스칠 때 깨어난 그는 군중이 아니라 자기와 같은 마음을 가진 사람들에게 설교해야겠다고 다시 생각을 다진다. 고작 가축의 무리를 돌보는 목자나 개가 되느니 사람들을 무리에서 벗어나도록 꾀어내야겠다는 것. 그러면 자칭 착한 자, 의로운 자, 신앙인들은 그를 더욱 미워할 것이다. 저들이 떠받들어온 법을 파괴하고 가치관을 무너뜨리는 것처럼 보일 테니까. 그러나 이런 사람들이야말로 창조하는 자인 것을 저들은 모르고 있다.

: 풀어보기

　　머리말은 니체의 저서들에 나타나는 두 가지 요소, 즉 "신은 죽었다"는 선언과 '초인'의 선포다. 니체는 〈차라투스트라〉 직전에 쓴 〈즐거운 지식 *The Gay Science*〉 제108항에서 "신은 죽었다"는 말을 처음 사용한다. 우리는 이 말을 신이 존재하지 않는다는 형이상학적 주장으로 잘못 해석하는 경우가 많지만, 니체는 우리가 생각하는 신은 이제 진리와 도덕의 바탕이 될 만큼 강력하지 않다는 문화적인 관찰을 하고 있는 것이다. 즉 신이 존재하지 않는다는 말이 아니라 신이 더 이상 우리의 삶에 의미를 부여하는 존재로서 널리 받아들여지지 않는다는 것. 만약 과거처럼 신이 우리 삶에 의미를 주는 존재라면 신이 없는 세상은 무의미하다. 니체는 그의 시대가 강력하고 확실한 목표가 없는 허무주의가 특징이라고 믿는다.

'최후의 인간'에 대한 묘사는 허무주의가 가져올 궁극적인 결과를 보여주기 위한 것이다. 사람들은 어떤 믿음이나 필요성도 없이 되도록 거의 노력도 하지 않으면서 위안을 찾는다. 머지않아 우리 모두는 아주 평범하고 더할 나위 없이 만족하는 똑같은 사람들이 되고, 우리 삶에서 걱정이나 불화가 될 만한 것은 모조리 없애버림으로써 '행복을 찾아낼' 것이다.

　　초인은 허무주의를 해결하는 방편이다. 우리는 삶에 의미를 부여해야 한다. 초인간이란 뜻의 독일어 übermensch(위버멘쉬)는 'superman'으로 자주 번역되지만, 카우프만이 번역한 'overman'이 더 정확하다. '극복'과 '몰락'을 이끌어내는 방편을 드러나게 하기 때문. 초인은 신이 없는 세계를 만나고, 그 세계가 무의미하다는 것을 발견하기보다는 그 세계에 자기 나름의 의미를 부여한다. 그러다 보니 '착한 자와 의로운 자', 그리고 신의 이상이 파탄되었다는 사실을 아직 깨닫지 못한 '참신앙을 믿는 자'들을 화나게 만든다. 본질적으로 평범한 인간과 초인의 차이라면, 우리는 신이든 과학이든 진리든 뭔가를 믿어야 하지만 초인은 자기 자신만 믿고 다른 어떤 것에도 의지하지 않는다는 점이다.

　　차라투스트라는 인간은 짐승과 초인을 이어주는 다리로서만 위대하다고 말한다. 인간은 '최후의 인간들'이 스스로를 생각하듯 존재의 요체가 아니고, 여전히 동물적인 본능의 지배를 크게 받다 보니 편견이 생기고, 천박해지고, 쉽사리 신앙에 의존한다. 우리의 존재를 세련되게 하려면 잔인한 본능을 자신에게로 돌려 편견과 천박성과 신앙을 도려내고 좀더 심오한 무엇을 창조해야 한다. 차라투스트라는 우리가 한때 중시했던 인간의 본질을 모조리 경멸하는 의기양양한 순간에 대해 말한다. 천박한 인간의 본성을 극복하고 초인을 향해 나아간다는 의미.

다리로서의 인간상은 줄타기 광대의 말에서 잘 나타난다. 그는 짐승과 초인 사이를 천천히 위험스럽게 건너고 있다. 그리고 아주 가볍게(가벼움과 춤은 이 책의 후반부에서 높이 평가된다.) 움직이면서 천천히 가는 그 광대를 뛰어넘어 앞지르는 어릿광대는 차라투스트라와 비슷한 데가 있다. 다시 말하면, 줄을 건너 초인을 향해 갈 수 있는 능력을 지닌 것. 그는 줄타기 광대를 결국 줄에서 떨어져 죽게 만든다. 마찬가지로 초인에 대한 차라투스트라의 설교 역시 이 새로운 말을 감당할 수 없는 많은 사람들을 화나게 하고 몰락시킬 수 있다.

이 책에는 신약성서와 예수의 목회를 비유하는 대목이 많이 나온다. 예를 들어, 서른 살에 광야로 나간 예수는 그곳 생활을 즐기기보다는 숲속에서 40일 낮과 40일 밤 동안 악마에게 유혹을 받고 괴로움을 당한다. 여기서 니체는 예수가 고독을 즐길 만한 의지력이 없고 고독을 견뎌낸 것도 고작 한 달 남짓밖에 안 된다고 암시한다. 차라투스트라가 추종자들을 '낚는 데' 실패했다고 생각하는 것도 신약성서를 상기시키는 대목이다. 예수는 사도들에게 '사람 낚는 어부가 되라'고 말했다. 그러나 차라투스트라는 예수와는 달리 목자가 되어 양 떼를 이끌기보다는 개개인에게 그 무리로부터 벗어나는 법을 가르치고 싶다는 점을 분명히 밝힌다.

Chapters 1-10

세 단계의 변신에 대하여

초인으로 가는 정신의 변신에는 세 단계가 있다. 정신은 무거운 짐을 모두 짊어진 낙타가 되고, 그 낙타는 자유를 쟁취해 사막의 주인이 되려는 사자로 변하며, 그 사자는 순진무구요 망각이며 새로운 시작인 어린아이로 변하는 것. 말인즉슨, 지식과 힘을 얻기 위해 먼저 편안함을 포기하고 자제하며 어려운 일들을 모두 받아들여야 하고(낙타), 이어서 새로운 창조를 위해 외부로부터의 모든 영향과 명령에 단호하게 "아니오"라고 말하며 독립을 주장해야 하고(사자), 끝으로 거룩한 긍정을 통해 새로운 창조활동에 들어가는 것(어린아이)이다.

덕의 교사(敎師)에 대하여

차라투스트라는 마음의 평화를 이루기 위해 덕을 갖추고 자제해야 한다는 현자의 말을 비판한다. 마음의 평화—

'단잠'—는 스스로를 개선하고 독립시키기 위해 자신을 '깨우는' 투쟁과는 정반대다.

내세에 대하여

우리는 정신이 아니라 신체로 이루어져 있으며, 신체의 필요가 우리의 가치와 욕구를 지배한다. 병들거나 불만스러운 사람은 본래 정신적이라고 주장하면서, 삶의 고통과 고뇌에서 벗어나기 위한 방편으로 신과 내세를 만들어낸다.

신체를 경멸하는 자들에 대하여

소위 '자기'라는 것도 신체에 불과하고, 한낱 도구이자 놀잇감인 모든 이성, 정신, 감각 뒤에 버티고 있으면서 우리의 열정과 생각을 지배한다. 자기가 진정 정신이라고 주장하는 자는 삶에 등을 돌리고 죽기를 원하는 병든 신체를 가진 '신체를 경멸하는 자'다.

열정을 즐기고 겪는 것에 대하여

우리는 고통과 강렬한 감정을 겪을 때 가장 많이 배우고 성장한다. 우리를 특별한 존재로 만들어주는 이것들은 그 특별함을 잃지 않도록 남들과 공유해서는 안 된다. 한 가지 이상의 강렬한 열정에 휘둘리는 사람은 마음속에서 커다란 갈등을 겪게 된다.

창백한 범죄자에 대하여

여기서는 범죄자의 모습을 그리고 있다. 그는 은밀하게 살해하고 싶었지만, 그 기회에 강탈만이라도 해야겠다고 확신했고, 결국에는 강도살인을 저질렀다. 그는 살인할 능력은 충분했지만, 나중에 자신의 행각을 생각하니 역겨웠다. 그의 죄는 살인 자체보다는 나약함 때문에 살인을 저질렀고 그 결과 죄의식으로 괴로워했다는 것이다. 그가 최소한 그 범죄로 인해 나약함을 깨달았다는 것은 의미가 있다.

읽기와 쓰기에 대하여

위대한 작가는 작품 속에 자신을 아주 많이 쏟아 넣고, 차원이 높은 곳에서 글을 쓰기 때문에 대부분의 사람들은 이해하지 못한다. 우리는 이런 작가들을 진지하다고 생각하고 싶겠지만, 차라투스트라는 경솔하고 조소하는 자라고 규정짓고, 읽고 쓰는 능력이 널리 보급된 것을 한탄한다. 이로 인해 작가들이 대중들이 이해할 수 있도록 작품을 쉽게 쓰려고 하기 때문이다.

산허리의 나무에 대하여

차라투스트라는 고독과 좌절 속에서 자신을 해방시키려고 애쓰는 젊은이에게 말한다. 젊은이는 다른 사람들로부터 멀어질수록 그들에게 멸시를 당하고, 종종 자기멸시도 느낀다. "도대체 그 자(나)는 이 높은 곳에서 무엇을 하려는 것일까요?" 차라투스트라는 젊은이에게 숭고한 희망을 절대 버리지 말고 신성하게 유지하라고 격려한다.

죽음의 설교자들에 대하여

영생을 설교하는 사람들은 삶이 고통스럽지만 내세를 위해 참아야 한다고 말한다. 그렇게 현세의 삶을 포기하라고 말하는 그들은 죽음의 설교자들이다.

전쟁과 전사들에 대하여

지식을 추구하는 자는 아주 혹독하고 엄격한 극기 아래 그 일을 해야 한다. 차라투스트라는 이러한 추구행위를 전쟁에 비유하고, 전쟁과 함께하는 삶을 살라고 충고한다. 그것 자체가 고상한 일이며, 기독교적인 덕보다 인간성에 훨씬 더 많은 공헌을 했다면서.

· 풀어보기

"세 단계의 변신에 대하여"는 차라투스트라가 지칭하는 '초인'의 실체를 다소나마 알 수 있게 해 준다. 세 변신은 창조적인 천재가 가는 길을 거의 그대로 답습하고 있는 것 같다. 화가를 예로 들어보자. 첫 단계에서는 낙타처럼 신중하고도 오랜 연구의 짐을 짊어져 예술적 기술을 습득하고 자신의 전통 양식을 깊이 이해한다. 그 다음에는 사자처럼 창조를 위한 자유를 쟁취해서 다른 예술가들의 영향력으로부터 벗어난다. 그리고 마지막으로 자신의 독특한 표현 방법을 개발해 완전히 새로운 자기 것을 창조한다. 이 단계에서는 순진무구함을 새롭게 얻었기 때문에 어린아이처럼 된다. 즉, 이제는 과거에 있었던 투쟁의 흔적은 없어지고 새롭고 신선한 것만 보인다.

초인이 새로운 가치를 창조한다는 차라투스트라의 말은 새로운 도덕규범의 창조가 아니라 새로운 시각 창조로 이해해야 한다. 우리는 카프카, 피카소, 비트겐슈타인, 아인슈타인, 스트라빈스키, 베케트 같은 인물들에게서 발견한 새로운 '가치'가 무엇인지를 정확히 언급하기 곤란하지만, 이들 20세기의 천재들이 세상을 새로운 각도에서 본 것만은 틀림없다. 니체가 이들 가운데 누구를 초인이라고 생각할지 알 수 없지만, 분명히 대다수 사람들보다는 훨씬 더 그 칭호를 받을 자격이 있다.

이제는 니체가 초인이 되기 위해 필요한 노력, 고통, 극기에 관해 계속 말하는 이유를 이해할 수 있을 것 같기도 하다. 우리는 어떤 예술 형태에 관계된 기술은 과거에 사람들이 했던 규칙과 방법을 배움으로써 습득한다. 그때 이 규칙들에 대해 의문을 제기하고, 계속 밀어붙이고, 스승의 영향력으로부터 독립하기 위해서는 정신의 융통성이 필요하다. 내가 알고 있는 것에 항상 불만을 갖고 더 낫고 새로운 것을 끊임없이 찾는 쪽에 비하면 현재 상태에 만족하는 편이 훨씬 쉽다. 초인을 향해 나아가려면 끊임없이 노력해야 하고, 그때 새로운 자기가 과거의 자기를 극복하는 것이다.

"전쟁과 전사들에 대하여"에서 차라투스트라는 이 같은 노력을 전쟁에 비유하고, 목표를 달성한 초인을 지칭하는 듯한 '지식의 성자들'을 아직도 목표를 향해 달려가고 있는 '전사들'과 대비시킨다. 이 장은 니체의 모든 작품들 중에서 가장 잘못 인용되고 있는 부분 가운데 하나다. "그대들은 새로운 전쟁의 방편으로 평화를 사랑해야 한다. 그리고 긴 평화보다는 짧은 평화를"이란 구절이 니체가 원형 나치에 심취한 전쟁광이란 증거로 인용되고 있는 것. 그런데 여기서의 전쟁은 폭력과 유혈로 얼룩진 실제 전쟁이 아니라 지성적인 내면의 투쟁을 가리킨다.

니체는 이 노력을 산을 오르는 것에도 자주 비유한다. 특히 "읽기와 쓰기에 대하여"에서 차라투스트라는 초인이 산꼭대기에 서서 아래를 내려다보고 있다고 말한다. 이처럼 산꼭대기에서 아래를 내려다보는 행위는 뛰어난 사람이 못난 사람을 경멸하는 것과 같다. 초인은 아주 높은 곳까지 올라가서 모든 것이 그의 발아래다. 따라서 더없이 슬픈 비극들조차 조소의 대상일 뿐이다. 차라투스트라는 경멸과 조소를 높이 평가한다. 초인은 더 이상 우러러볼 것도, 심각하게 생각해야 할 것도 남아 있지 않기 때문에 모든 것을 가볍게 생각하고 자유를 즐길 수 있는 것. 이러한 가벼움과 자유는 자주 춤으로 표현된다.

'신체'는 일반적으로 물질 세계를 대표하는 것이라고 차라투스트라는 주장한다. 형이상학과 종교는 기독교의 천국이 되었든 플라톤의 이데아가 되었든 어떤 초감각적인 세계의 존재와 중요성을 주장하는 경우가 많다. 반면, 차라투스트라는 지구는 지구일 뿐이고 본래 물질적인 것들로 구성되어 있다고 말한다. 우리가 중요하게 생각하고, 느끼고, 믿는 것을 포함한 정신적인 삶은 모두 신체의 필요에 따라 생겨난 것이다. 따라서 내세나 신에 대한 믿음은 현세의 삶에서 위안을 찾으려는 병든 신체가 만들어낸 것이다. '건강한 신체'는 신이나 그 밖의 다른 세계가 필요 없고, 신체 그자체로 족하다. '건강한 신체'란 잘 먹고 운동을 많이 하는 사람이 아니라 자신을 무엇보다 신체로 간주하면서 행복을 느끼고 현세와 현세의 삶에 만족하는 사람을 가리킨다. 모든 삶이 고통이라는 부처의 말을 신체가 병들었다는 뜻으로 해석하며 노골적으로 비판하는 "죽음의 설교자들에 대하여"와는 대조적인 글.

Chapters 11-22

새로운 우상에 대하여

국가는 대중이 경배하는 새로운 우상이 되었고, 대중들에게 영합해서 획일성과 평범성을 부추긴다. 자유를 찾으려면 국가라는 울타리를 벗어나야만 한다.

장터의 파리들에 대하여

고독이 끝나는 곳에 장이 열린다. 그리고 그곳에는 거창한 배우들이 소란을 피우고 파리들이 윙윙대기 시작한다. 이들 대중에 영합하는 자는 명성과 인기를 얻지만, 세계는 변화와 새로운 가치를 창조하는 자와 초인을 중심으로 조용히 움직인다. 그러한 창조성은 간섭하기를 좋아하는 대중으로부터 벗어나 사납고 거센 바람이 부는 곳, 고독 속으로 달아날 것을 요구한다.

순결에 대하여

순결은 어떤 사람들에게는 미덕이지만, 어떤 사람들에게는 악덕이다. 하루 종일 섹스를 추구하면 역효과가 생기지만, 욕정에 눈먼 사람이 성적 충동을 억누르려고 노력하면 영혼을 더욱 타락시킬 수도 있다. 순결을 지키는 것이 어려운 자에게는 차라리 그것을 단념토록 권하라. 순결이란 것이 지옥에 이르는 길, 즉 영혼의 진흙과 욕정의 길이 되지 않도록.

벗에 대하여

진정한 벗은 초인이란 목표를 향해 나아가도록 서로를 내모는 사람이다. 벗을 원한다면 그 벗을 위해 기꺼이 전쟁을 벌일 각오도 해야 하고, 그러려면 적이 될 줄도 알아야 한다. 그리고 벗 내면에 있는 적에게도 경의를 표해야 한다. 여인들의 가슴속에는 너무도 오랫동안 노예와 폭군이 숨어 있었다. 따라서 아직도 여인들은 우정을 나눌 줄 모른다. 사랑을 알 뿐이다.

천 개 그리고 하나의 목표에 대하여

민족에 따라 사물에 대한 가치평가가 다르고, 선과 악의 관념도 다르다. 저마다 없어서는 안 될 것과 어려운 것을 선이라고 부르고, 진기하고 더없이 힘겨운 것과 곤경에서 해방시켜주는 것을 신성한 것으로 기린다. 어떤 민족을 지배자로 군림케 하고 영예롭게 해서 이웃 민족에게 전율과 시샘을 불러일으키는 것이 그 민족에게는 숭고한 것이자 만물의 존재 의미로 간주된다. 이런 식으로 지금까지 천 개의 목표가 있었다. 천 개의 민족이 있었기 때문이다. 다만 천 개의 목표에 채울 족쇄, 즉 하나의 목표가 없을 뿐이다. 이제는 개개인이 이러한 선과 악을 포기하고 초인이 되기 위해 노력해야 한다.

이웃 사랑에 대하여

사람들은 자신을 사랑하지 않기 때문에 이웃에게 사랑을 보이며 유혹해서 자기를 사랑하도록 만들고 그들의 과오를 통해 자신을 미화하려고 한다. 어떤 사람은 자신을 찾기 위해, 그리고 어떤 사람은 자신을 잃기 위해 이웃에게 달려간다. 자신에 대한 좋지 못한 사랑이 고독을 일종의 감옥으로 만들어버리는 것. 차라투스트라는 이러한 '이웃 사랑'에 등을 돌리고, 초인이라는 머나먼 곳에 있는 목표를 사랑하라고 권한다. 그 밖의 사랑은 기분전환일 뿐이다.

창조자의 길에 대하여

누구나 초인이 될 수는 없다. 자유는 그것으로 무엇을 할 수 있어야만 좋은 것이다. 대다수 사람들은 초인이 되는 데 꼭 필요한 고독을 견뎌내지 못한다.

늙은 여인들과 젊은 여인들에 대하여

여인에게 사내는 일종의 수단이고, 목적은 언제나 아기다. 그리고 사내는 모험과 유희의 상대로 여자를 원한다. 여인에게 최고의 덕목이라면 사내들, 특히 강하고 고상한 사내들을 사랑하는 것이다.

살무사에게 물린 것에 대하여

차라투스트라는 "한쪽 뺨을 때리면 다른 쪽 뺨도 내주라"는 기독교 윤리를 비판한다. 억울한 일을 당했다면 화를 마음속에 쌓아두기보다는 적당한 보복을 통해 푸는 쪽이 낫다. 누군가가 그대에게 해를 끼쳤다면 그대에게 좋은 일을 한 것인데, 다른 뺨마저 내놓으면 그 사람을 부끄럽게 만드는 것이다.

아이와 혼인에 대하여

혼인은 자기들보다 더 뛰어난 사람을 산출하려는 두 사람의 의지다. 만약 동물적 욕구나 외로움을 누그러뜨리기 위해 혼인한다면, 한낱 기분전환에 불과하다.

자유로운 죽음에 대하여

제때 죽어야 한다. 너무 오래 사는 사람들이 허다하고, 또 더러는 너무 일찍 죽는다. 내가 원해서 찾아오는 자유로운 죽음은 살아 있는 자들에게 영감으로 작용한다. 가장 완벽한 본보기는 소크라테스이다. 죽을 때 플라톤을 제자로 두었고, 그 용감한 죽음은 추종자들에게 영감을 주었기 때문. 예수는 너무 일찍 죽었다. 그의 때 이른 죽음은 그 후 많은 사람들에게 재앙이 되고 말았으니 좀더 나이가 들어 성숙했더라면 삶을 누리고 대지를 사랑할 수 있게 되었을지 모를 일이다.

베푸는 덕에 대하여

'얼룩소' 도시를 떠나기로 결심한 차라투스트라가 제자를 자처하는 젊은이들에게 마지막 연설을 한다. 선물은 자기 속에서 차고 넘칠 때 주는 것이다. 지혜를 지닌 차라투스트라처럼. 그는 떠나면서 이제는 그저 차라투스트라의 길을 따를 것이 아니라 그의 존재를 수치로 여기고 각자 자신을 찾으라고 권한다. 영원히 제자로만 머문다면 스승에 대한 도리가 아니라는 것. "모든 신은 죽었다. 우리는 이제 초인이 등장하기를 바란다."

: 풀어보기

첫 두 장은 아주 반국가적인 어조를 띠고 있다. 국가는 헛된 우상이다. 고독이 끝나는 곳에는 사람과 생각을 파는

'시장'이 열리고, 성가신 파리들과 천박한 배우들이 들끓는다. 국가에 대한 비판은 잘못된 이웃 사랑과 혼인에 대한 비판과 똑같은 느낌이 든다. 국가를 경배하는 개인, 이웃을 사랑하는 개인, 고독을 견디지 못해 혼인하는 개인은 탈출구나 기분전환거리를 찾고 있을 뿐이다.

이러한 피난처로서의 사랑과 차라투스트라가 높이 평가하는 우정은 사뭇 대조적이다. 진정한 벗은 위로를 받는 대상이 아니라 서로에게 도전하고 서로를 전진하게 만드는 상대다. 차라투스트라에게 '벗'과 '적'은 결코 상반되는 관념이 아니다. 벗과 적은 다르지 않고 서로를 전진하게 만든다. 그리고 극복해야 할 도전거리를 제공하며, 그 도전을 극복하면서 초인을 향해 전진한다. 따라서 좋은 적을 갖는 것은 좋은 벗을 갖는 것만큼이나 중요하다.

차라투스트라가 말하는 벗과 적의 관념은 경쟁과 대결이란 강력한 요소를 지니는 것이 특색이다. 적이 내게 잘못을 저질렀다면 호의를 베푼 것이 되므로 보복을 통해 호의에 보답할 수 있다. 차라투스트라가 말하는 보복은 속 좁은 보복이 아니다. 그 의미를 자본주의적으로 유추한다면 적은 경쟁기업으로 간주될 수 있다. 내 사업의 일부를 빼앗아가지만, 그 일이 내게 자극이 되어 사업을 더욱 발전시키도록 분발하게 만든다는 것. 그리고 내가 사업을 발전시켜 고객들을 되찾아오면 경쟁기업에 보복하는 것이 되고, 이번에는 다시 경쟁기업을 분발하게 만들어서 호의를 베푸는 셈이 된다. "벗에 대하여"에서 차라투스트라는 "벗에게서 최상의 적을 찾아내야 한다"고 말한다. 그리고 "대적하는 동안 마음속으로 그를 더없이 가깝게 느껴야 한다."

차라투스트라는 기독교 신앙이 경쟁하지 않으려는 의지를 가지고 있다고 비판한다. 이러한 자세는 삶을 외면하는 것이다. 기독교 신자들은 현세에서 보복하기보다는 하느님이 내세에서 심판할 것으로 믿고 고통을 견딘다.

"천 개 그리고 하나의 목표에 대하여"라는 제목은 차라투스트라가 '천 개 민족'이 있으며, 각각 선과 악의 관념이 다르고, 목표가 다르다고 말한 데서 나왔다. 그는 그리스인, 페르시아인, 유대인, 독일인 등 네 민족을 예로 들고 있다. 그들이 '선'이라고 생각하는 것은 '권력에의 의지의 표현'이다. 일찍이 그 어떤 이웃도 다른 이웃을 이해한 적이 없었다. 니체의 작품들에서 매우 중요한 용어인 '권력에의 의지'가 여기서 처음으로 언급되고 있다. 니체에 따르면, 권력에의 의지는 우주의 모든 변화에 동기를 부여하는 기본적인 욕구다. 우리는 생존, 쾌락, 또는 섹스를 위해 어떤 행위를 한다고 생각할지 모르지만, 근본적으로는 권력에의 의지가 발동된 것이다. 예를 들어, 하느님을 위해 고문과 죽음을 선택한 기독교 순교자는 생존이나 쾌락 본능에서 그렇게 행동하는 것은 분명코 아니다. 그보다는 압제자들이 안

겨주는 그 어떤 시련도 견디낼 수 있고, 심지어 자신의 육체는 죽더라도 그 정신과 뜻은 영원하리란 것을 보여줌으로써 우월감을 얻으려고 하는 것이다. 초인은 권력에의 의지의 궁극적인 표현으로, 스스로 새로운 가치를 창조할 수 있는 완전한 자유와 힘을 얻은 것이다. 초인의 목표, 즉 한 개인이 지닌 심오한 권력에의 의지의 표현이 차라투스트라가 설교하는 1,001번째 목표다.

여자에 대한 니체의 태도는 악명 높은데, 특히 "늙은 여인들과 젊은 여인들에 대하여"에서 극명하게 나타난다. 니체는 여자를 발터 카우프만의 말마따나 '중고품이자 3류'라고 칭하면서도 이 같은 견해가 잘못되었다는 사실을 순간순간 시인한다. 니체가 왜 이러한 약점을 극복하려고 애쓰지 않았는지, 그리고 이것이 그의 철학 다른 부분에 어떤 영향을 미치고 있는지는 의문이 아닐 수 없다.

"베푸는 덕에 대하여"는 니체가 초인이 되기 위해 해야 할 일을 흡족하게 설명하지 않는 이유를 이해하는 데 도움이 될 만한 정보를 제공하고 있다. 차라투스트라는 제자들에게 자신만의 길을 택하라고 권한다. 영감은 주고 싶되, 이끌고 싶지는 않는 것. 우리는 니체가 마음속에 그리는 초인의 모습을 높은 산에 올라간 사람이라고 확대해석하고, 초인 각자가 저마다의 정상을 찾아야 한다는 암시로 볼 수도 있다. 차라투스트라는 산에 오르는 어려움과 정상에서의 보상에 대해서는 말할 수 있지만, 그들에게 그들만의 산에 올라가는 길을 안내할 수는 없는 노릇이다. 결국, 자기 자신의 산을 가장 잘 아는 사람은 자기뿐인 것.

제2부

Chapters 1-7

거울을 들고 있는 아이

산 속, 동굴의 고독 속으로 다시 돌아온 차라투스트라 는 어느 날 거울을 들고 있는 아이의 꿈을 꾼다. 그 거울에 는 악마의 험상궂은 얼굴과 비웃음이 보였다. 막강해진 적 들이 자기의 가르침을 왜곡하고 있다는 사실을 알게 된 그 는 그의 지혜를 나눠줄 새로운 필요를 절실하게 느끼면서 다시 산을 내려간다.

행복한 섬에서

차라투스트라는 창조 의지와 지혜는 같다고 생각한다. 신은 일종의 억측이다. 이 억측이 우리의 창조 의지를 뛰어 넘는 일이 없어야 한다. 신을 믿으면 창조성이 억제된다. 창 조적인 신은 우리에게 창조할 여지를 전혀 남겨주지 않을 것이기 때문이다.

연민의 정에 대하여

연민은 누구에게든 좋은 것이 못된다. 불행한 사람에게 동정과 자비를 베풀면 그들은 자존심에 상처를 입고 화를 내게 될 것이다. 이러한 속 좁은 분노는 은밀하게 진균처럼 마음속을 잠식한다. 사람들은 존재 이래로 너무나도 즐기지를 못했다. 이것만이 우리의 원죄다. 즐거움을 느끼는 것이 연민보다 좋다. 즐길 줄 알게 되면 남에게 고통을 준다거나 고통을 주려고 궁리하지 않게 될 테니까.

사제에 대하여

사제들은 삶을 고통으로 본다. 그래서 다른 사람들에게도 고통을 가하려고 든다. 저들은 삶의 불확실성과 시련이 너무나 힘겨워 삶을 포기한다. 그리고 시체나 다름없는 저들은 신과 자신들의 연민의 정을 피난처라고 믿고 열심히 고함을 질러대며 양 떼를 자신들의 좁은 길로 내몬다. 자유에 이르는 길을 찾고자 한다면 우리는 모든 구세주보다 위대한 자들에 의해 구원받아야 한다.

도덕군자에 대하여

보편적인 도덕은 덕을 베푸는 자에게 보상을 약속하거나 최소한 덕 자체가 보상이라고 가르친다. 사람들은 정의의 복수 또는 마음이 너무 약한 나머지 남을 해칠 줄 모르는 것이 덕이라고 잘못 알고 있다. 차라투스트라는 덕이란 어머니가 아이의 내면에 있듯 자기라는 것이 자신의 행위 안에 있다는 것이라고 말한다. 그것은 보상, 보복, 형벌, 정의의 복수 등을 바라서가 아니라 존재의 충만함에서 행해지는 것.

어중이떠중이에 대하여

수많은 보통 사람들은 손대는 것마다 망가뜨린다. 차라투스트라는 역겨움을 느끼면서 이런 사람들이 도대체 삶에 필요한 것인가를 의심한다. 더없이 높은 곳으로 날아올라 어중이떠중이 위에 올라서야만 순수함, 평화, 그리고 소중한 우정을 찾을 수 있다.

타란툴라 거미에 대하여

차라투스트라는 민주주의, 평등, 정의를 설교하는 사람들을 '타란툴라 거미'라고 부른다. 그들은 은밀하게 보복의 독을 퍼뜨린다. 평등을 설교함으로써 그들과 평등하지 않은 모든 사람에게 보복하고 욕을 퍼붓는 것. 자부심과 시샘이 저들의 가슴속에서 불꽃이 되고 앙갚음의 광기가 되어 터져 나온다. 삶은 갈등과 자기극복을 먹고 자란다. 모든 사람이 평등하다면 어떻게 초인이 되려고 노력할 수 있겠는가?

니체는 '어중이떠중이'와 평등의식을 단순한 속물근성이나 엘리트 의식보다 더 경멸한다. 그리고 〈도덕의 계보〉에서는 고대 그리스 귀족들의 '주인 도덕'과 하층 계급과 사제 계급 사이에서 발전된 '노예 도덕'을 확연히 구분하고 있다. 니체의 태도는 단순히 주인 도덕을 인정하고 노예 도덕을 비난하는 것보다 훨씬 복잡하지만, 기독교 신앙과 민주주의에서 표현되는 것과 같은 노예 도덕에 대해서는 경멸스러워하는 것이 아주 많다.

약하고 힘없는 사람은 주인에 대한 보복으로 노예 도덕을 갖게 된다. 니체가 말하는 노예 도덕의 밑바닥에는 '르상티망(ressentiment. 분노)'의 관념이 깔려 있다. 약한 자는 주인이 가진 힘에 화가 나고, 주인에게 보복할 능력이 없다는 것에 더욱 화가 난다. 그리고 현세에 마땅한 방법으로 보복할 능력이 없기 때문에 자신들의 정의를 확보하기 위해 죽은 후에 주인들에게 원수를 갚아줄 내세와 신의 정의란 것을 만들어낸다.

노예 계급은 니체가 인류 최대의 발명이라고 일컫는 '악'의 관념도 만들어냈다. 주인들과 그들이 지닌 모든 것, 부(富), 건강, 행복, 힘, 활력 등은 '악'으로 간주되고 멸시된다. 반면, 주인이 갖지 않은 가난, 불행, 질병, 나약함, 평범함 등은 '선'이다. 간단히 말해, 자기들을 '선'이라고 생각하는 것. 이러한 새로운 노예 도덕은 과거의 주인 도덕을 완전히 뒤집은 것이다.

당연히 니체는 기독교 신앙과 민주주의를 노예 도덕과 동일시한다. '산상수훈'(마태복음 5-7장)은 기독교 신앙이 노예 도덕을 나타낸 가장 명확한 본보기 가운데 하나다. 여기서 예수는 세속적인 부를 피하고 온순하고 가난한 삶을 살라고 가르친다. 민주주의는 니체가 노예 도덕에 뿌리를 두고 있다고 여기는 평등과 정의의 개념이 그 바탕이다. 알다시피 그는 정의의 관념은 자력으로 정의를 확보할 수 없는 자들이 만들어낸 것이라고 생각한다. 약한 자가 강한 자에게 학대받지 않게 하고, 강한 자는 약한 자를 억압하지 못하도록 보장하는 것. 그것이 최소한 민주주의가 해야 할 일이다.

니체는 노예 도덕을 전적으로 반대하지는 않는다. 특히 도덕의 전체 체계를 뒤집을 능력이 있는 자들의 창조성과 숭고한 힘을 찬양하면서도, 분노만큼은 속 좁고 삶에 거역하는 것이라며 강력히 반대한다. 삶은 고통을 겪어야 하는 그 어떤 것이고, 정의와 행복은 내세에서 찾아야 한다는 결론에 이르기 때문이다. 분노는 노예 도덕의 근간이고, 기독교 신앙과 민주주의는 다음 두 가지 측면에서 비판을 받아야 한다. 첫째, 그 도덕의 기반을 분노에 둔다는 것. 둘째,

이 사실을 부인할 만큼 위선적인 것. 오늘날, 기독교도와 민주주의자들은 노예 도덕을 처음 만들어낸 자들의 창조성도 지니고 있지 않으면서 그냥저냥 하나의 전통만을 영구화시키고 있다.

니체는 연민과 강요된 평등의 세계보다는 자연적 불평등이 존재하는 창조적인 자유의 세계를 그리워한다. 바로 각자가 그 자신만의 야망이자 궁극적 목표인 곳. 기독교의 덕들은 그 자체가 즐거운 것이 아니고 어떤 외부적인 보상을 필요로 하는 반면, 니체가 지향하는 창조와 자기개선이라는 이상적인 덕은 '고결하기' 때문이 아니라 본래 그 자체로 좋은 것이기 때문에 추구한다. 이러한 세계관에서 보면, 연민은 동정 받는 자나 동정하는 자 모두에게 나쁘다. 고통은 삶과 성장에는 본질적인 부분이고, 고통을 동정하는 본능은 불평등과 그로 인해 삶 자체를 나쁜 것으로 보는 분노의 본능에서 흘러나온다.

Chapters 8-18

이름 높은 현자들에 대하여

진리와 민중 모두에 봉사하기는 불가능하다. 민중에게 미움 받는 자야말로 자유로운 정신이며 숲속에 사는 자다. 민중을 즐겁게 하고자 하는 철학자는 결국 보편적인 편견을 정당화하고 합리화시킨다. 그들과 민중과의 관계는 서로에게 도움이 되지만, 민중들은 보다 높은 차원의 진리 추구를 포기했다. 진정한 철학자들이 시도하는 진리 추구는 영예도 보상도 없고 오직 정신을 강화시키는 고통과 희생만 따를 뿐이다.

밤의 노래

밤이다. 차라투스트라는 자신이 칠흑처럼 캄캄하다면 빛의 젖가슴에 매달려 열심히 빛을 빨 것이라고 말한다. 그러나 스스로가 빛인 그는 자신의 빛 속에 살고 있고 자신에게서 솟아나는 불꽃을 되마시고 있다. 이처럼 지혜와 정신과 생명으로 가득 차서 항상 베풀기만 하는 차라투스트라.
그는 받는 자가 누리는 행복을 모른다고 한탄한다. 그리고
어느 누구나 그 무엇도 필요할 일이 없기 때문에 외롭다.

무도곡

　　어느 날 저녁, 차라투스트라는 춤추는 소녀들에게 다
가가 삶과 지혜에 관한 노래를 불러준다. 이 두 가지는 여
자처럼 변덕이 심하고 반항적이고 고혹적이며 서로 비슷하
기 때문에 사람들은 하나 대신 다른 하나를 사랑하게 되고,
그 결과 둘 모두를 시기하게 만드는 셈이 된다. 그는 어둠
이 내리자 슬퍼진다. 살아 있는 이유를 정당화시키지 못할
것 같은 느낌이 들어서.

무덤의 노래

　　차라투스트라는 젊은 시절과 그때 지녔던 생각, 그리
고 이상을 돌이켜본다. 젊은 시절의 무덤들. 아직까지 변하
지 않는 것은 그동안 자신이 잃은 것을 극복하고 더욱 전진
하는 데 도움을 준 의지다. 무덤이란 무덤을 모조리 파괴하
는 의지.

자기극복에 대하여

　　살아 있는 것은 모두 순종하는 존재이고, 자신에게 순

종할 수 없는 존재에게는 어느 누군가가 명령을 내리게 된다. 이것이 생명체의 천성이다. 생명체는 명령할 때 항상 자기 자신을 걸기 때문에 순종보다 어렵고 위험하지만, 우리는 기본적으로 지니고 있는 권력에의 의지에 의해 명령 쪽으로 이끌린다. 강한 자는 스스로에게 순종하고 다른 사람들에게 명령한다. 명령을 받는 자는 자기보다 약한 자를 명령할 수 있기 때문에 순종한다. 권력은 오로지 순종에 의해서만 얻어진다. 삶은 항상 순종하고 변하며 스스로를 극복한다. 따라서 삶의 특징은 변화다. 아무것—진리, 선과 악, 신—도 영원하거나 절대적인 것은 없다.

고매한 자들에 대하여

진리를 추구하는 엄숙하고 고매한 자들은 하는 일이 고고하지만 어떻게 웃어야 하는지 무엇이 아름다움인지를 아직 터득하지 못했고, 우아함과 호의도 연습해야 한다. 차라투스트라는 엄숙함과 잔인함을 모두 행사할 능력을 지닌 강한 자의 가벼움과 호의를 높이 평가한다. 그저 잔인할 수 있는 힘이 없기 때문에 상냥한 것은 가치가 없다.

교양의 나라에 대하여

오늘을 살고 있는 자들은 과거의 지식을 축적해 자기 것인 양 과시한다. 자신의 회의주의에 자부심을 느끼고, 신앙과 미신을 갖고 있지 않다고 뻐기지만, 그것은 스스로가 비어 있고 독창적으로 만들어낸 것이 없기 때문이다.

때 묻지 않은 지각에 대하여

차라투스트라는 자기들의 거세된 곁눈질이 '관조'라고 불리기를 원하며 세상을 있는 그대로 인지하고 싶을 뿐이라고 주장하는 자들을 비판한다. 그들은 세상에 자기 의견을 강요하는 것에 죄의식을 느끼는 자들이고, 그 때문에 창조의 의지를 억누르면서 해처럼 빛을 비추기보다는 달처럼 빛을 반사하고 싶어한다. 아름다움이란 멀리서 보는 사물이 아니라 의지를 기울여 의지하지 않을 수 없고 창조의 행위가 가장 강렬한 곳에 있다.

학자들에 대하여

차라투스트라는 학자들이 창조성이 없고 속이 좁으며 관망자로서 마치 여가를 즐기듯 지식을 축적하고 있다고 비판한다.

시인들에 대하여

차라투스트라는 시인들의 창조성은 찬양하면서도 그들이 실제보다 더 심오한 듯이 보이려 한다고 비판한다. 아름다운 시의 밑바닥을 살펴보면 결국 과거의 편견과 가정을 발견하게 된다. 시인들이 생각해낸 최상의 것은 얼마간의 관능적 쾌락과 권태. 차라투스트라는 시인들에 관해 경고 하나를 남긴다. "우리들은… 거짓말을 너무나 많이 하고 있다." 아는 것도 별로 없고, 제대로 배우지도 못하니까.

큰 사건들에 대하여

세계는 새로운 소란을 일으키는 자가 아니라 새로운 가치를 창조하는 자를 중심으로 소리 없이 돈다. 따라서 이처럼 위대한 일은 좀체로 눈에 띄지 않는다. 국가와 교회는 젠체하며 온갖 잡소리를 외쳐대지만, 소란과 연기가 사라지고 난 후에 보면 실제로 일어난 일은 별로 없다. 차라투스트라의 제자들은 그의 설명을 귀담아 듣지 않고 그가 마치 유령처럼 화산 쪽으로 날아가며 "때가 왔다! 마침내 때가 왔다!"고 외쳐댔던 모습에 더 관심을 갖는다.

풀어보기

"자기극복에 대하여"에서 니체는 권력에의 의지를 좀더 포괄적으로 설명하고 있다. 권력에의 의지는 니체의 성숙한 사고 전체의 바탕을 이루는 관념이고, 그가 이끌어내는 모든 이론적 결론도 이 원칙을 따른다. 이 원칙을 간단히 표현하면, 모든 생명체는 권력을 얻으려고 노력한다는 것. '권력'은 한 단어지만 수많은 것을 포괄하고 있다. 한 편으로는 강간하고 정복하고 약탈하는 야만인들의 표면화 된 육체적인 힘을 나타내기도 하고, 또 한편으로는 단식하고 명상하는 금욕주의적 수사(修士)의 내면화된 정신적인 힘을 가리키기도 하는 것. 그러나 모든 경우를 통틀어 외부의 제약으로부터 벗어나려는 의지라고 생각하면 권력의 개념을 한결 이해하기 쉬울 것이다. 야만인들은 다른 사람들이 시키는 대로 할 필요가 없다. 그들을 죽일 힘이 있으니까. 반면, 금욕주의적 수사들은 심지어 육체의 요구에서도 벗어난 자들이다.

자기극복의 개념은 권력에의 의지에 매우 중요하다. 모든 위대한 권력은 자기 자신을 제압할 수 있는 힘을 요구하기 때문. 차라투스트라의 말대로 모든 사물은 그 무엇에 복종해야 하며 자기에게 복종할 수 없는 자들은 다른 자들에게 복종해야 한다. 예를 들어, 야만인들은 강해 보이지만 자기통제와 자기수양이 부족하기 때문에 좀더 엄격하게 통제되고 훈련된 자들에게 제압당할 수 있다.

위대한 권력은 오로지 자기극복과 자기완성을 통해서만 얻을 수 있기 때문에 모든 생명체의 투쟁—권력에의 의지—은 자기극복의 의지다. 우리 모두는 자기를 가능한 한 많이 자유롭게 만들어줄 수단을 찾고, 그것을 찾는 길은 저마다 다르다. 이를테면, 노예들은 육체적인 해방을 위해 노력하고, 만약 그것이 불가능하면 적어도 자신들이 누릴 수 있는 최대한의 자유와 권력에의 의지는 가지려고 한다. 금욕주의자들은 육체의 필요와 욕구에서 벗어나려고 노력하고, 철학자들은 진리를 좀더 명확히 보기 위해 과거의 편견과 가정에서 벗어나려고 노력한다. 니체가 말하는 초인의 개념은 그 바탕에 총체적인 자유가 깔려 있다. 초인은 자기 외에는 그 어떤 것의 제약이나 통제를 받지 않기 때문에 자기의 우주 전체를 창조하는 자다.

더 많은 권력과 자유를 얻으려는 모든 노력은 변화를 요구한다. 자기를 극복하기 위해 스스로 변해야 하는 것. 권력에의 의지는 모든 생명체의 근본적인 욕구이고, 권력은 변화를 일으키기 때문에 변화는 모든 생명체의 근본적인 특성이다. "무도곡"에서는 지혜와 삶이 끊임없이 변하는 모습이 나온다. 유일하게 변치 않는 것은 차라투스트라가 "무덤의 노래"에서 말했듯 이러한 변화를 유발하는 권력에의 의지다. 따라서 도덕률이나 다른 어떤 것을 영구적인 것으로 간주하려고 들면, 이처럼 중요한 힘들을 약화시켜 자기극복 욕구를 포기하게 만든다는 것이 니체의 생각이다. 우리가 잘 되려면 변화를 먹고 살아야 한다.

"교양의 나라에 대하여"에서는 당대 사람들의 세계에 대한 공격이 처음으로 시작되고, 그 칼날은 주로 허무주의에 집중된다. 신의 죽음을 재촉한 과학적 회의주의는 새로운 가치나 목표를 만들어내지 못했다. 그 결과, 삶은 공허하고 방향과 의지를 상실했다. 학자들은 마음속에 어떤 특별한 목표가 없이 지식만 파내면서 진리를 '순수하게 깨치려고'만 할 뿐이다. 시인들 역시 그들이 헤어나지 못한 과거의 도덕률에 천편일률적으로 바탕을 둔 아름다운 말들만 궁리한다. 기독교 세계에서는 신을 즐겁게 하고 천국에 가기 위해 자기극복이 실행되었다. 니체는 이제 이런 목표들이 없어졌고 대체할 수 있는 것도 거의 없다면서, 우리가 민족주의적인 이상에 의지를 쏟으면 참혹하고 무서운 전쟁이 터질 것이라고 차갑게 예언한다. 이 세상의 '큰 사건'은 국가만큼 확실하고 당당하지 않기 때문에 니체는 차라투스트라로 하여금 초인을 새로운 목표로 제시하게끔 만들었다. 학자와 시인들은 모두 그런 목표를 지향할 수 있을 것으로 생각되지만 대개는 목표가 없다.

Chapters 19-22

예언자

차라투스트라는 한 예언자로부터 그 어떤 새로운 것도 만들 능력이 없고 심지어는 너무 지쳐 죽을 기력조차 없는 공허한 미래가 올 것이란 예언을 듣고 깊은 실의에 빠진다. 사흘간 식음을 전폐했고, 쉬지도 못했으며, 말조차 잊고 지내던 그는 깊은 잠에 빠졌다. 이때 관(棺)들이 가득한 어느 성에서 파수꾼이 된 꿈을 꾼다. 갑자기 바람이 몰아치더니 성문이 열리고 관이 쪼개지면서 큰 나비들의 천 개나 되는 찡그린 얼굴이 비웃어대며 그에게 덤벼들었다. 차라투스트라는 땅에 고꾸라져 공포에 질려 비명을 지르다가 잠에서 깬다. 제자 한 사람은 스승께서 그의 생명과 비웃음으로 우리를 실의와 공허에서 깨어나게 만드는 꿈이라고 해석한다.

구제에 대하여

차라투스트라는 여태껏 완전한 인간을 한 번도 본 일

이 없다고 불평한다. 고작 한 가지만 뛰어나고 나머지 모든 것에는 약한 '불구 아닌 불구자'를 보았을 뿐이다. 하나의 커다란 눈이거나 커다란 주둥이거나 커더란 배, 아니면 커다란 귀. 과거를 메울 수 있는 완전한 인간을 미래에 기대할 수 없다면 현재와 과거는 견디기 어려울 것이다. 과거는 바꿀 수 없다는 점이 문제다. 장차 수많은 변화와 창조를 이끌어낸다 해도 과거는 변화시킬 수 없기 때문에 권력에의 의지는 상처를 입을 것이다. 우리는 이러한 손상이 일종의 형벌임을 알게 된다. 따라서 모든 삶은 고통과 형벌이 되고, 이 형벌에서 벗어나려는 어떠한 노력도 그만두고 싶어진다. 차라투스트라는 이러한 비관주의는 인간의 의지 없이 단순하게 발생했던 과거를 요지부동한 것으로 생각한 데서 온 결과라고 말한다. 그것을 우리가 원해서 된 것이라고 볼 수 있게 된다면 고통과 형벌로부터 구제받을 길을 찾을 수 있다.

인간의 분별력에 대하여

차라투스트라는 인간의 분별력에는 세 종류가 있다고 주장한다. 첫째, 나를 속이려고 하는 자를 항상 경계하기보다는 이따금 속아주는 것이 좋다. 사람들 틈에서 허기와 갈증으로 죽지 않으려면 그 어떤 잔으로도 마실 줄 알아야 하고, 깨끗함을 잃지 않으려면 더러운 물로도 씻을 줄 알아야 한다. 둘째, 긍지에 넘치는 자보다는 허영심에 차 있는 자가 좋다. 삶이 보기 좋은 것이 되려면 삶의 유희가 멋지게 연출되어야 하고, 훌륭한 배우가 있어야 하는 것. 남들을 즐겁게 해주려는 그들의 노력이 우울한 심사를 달래주고, 겸손도 모르기 때문. 셋째, 사람들이 '악'이라고 부르는 사소한 것들을 경멸한다. 위대함은 오로지 커다란 악을 통해서만 가능하기 때문.

더없이 고요한 시간

차라투스트라는 고독을 통해 힘을 얻으려고 다시 길을 떠난다. 그는 그의 철학이 이르게 되는 정점(頂點)을 알지만 아직은 말하고 싶지 않다.(그 정점은 영원회귀다. 제3부)

:풀어보기

"구제에 대하여"에서는 권력에의 의지라는 주제가 다시 나온다. 외적인 것을 모두 제압하고 거기서 벗어나려는 권력에의 의지는 과거와 만나면 난처해진다. 지금은 미래를 만들어나갈 수 있지만 과거는 변화시킬 길이 없기 때문이다. 모든 삶은 변화를 먹고 산다. 그런데 과거는 언제나 어김없이 우리의 무력함을 상기시켜준다.

차라투스트라는 이러한 곤경에 처했을 때 나타나는 권

력에의 의지를 두 가지로 분석한다. 첫째, 권력에의 의지가 이 난관을 극복하지 못하고 주저앉는 것이다. 과거는 움직일 수 없는 삶의 일부이기 때문에 삶은 변화시킬 수 없는 고통으로 보인다. 권력에의 의지는 과거에 손을 댈 수 없다. 이 상황에서 그친다면 권력에의 의지는 상처를 받는다. 유일한 타개책으로 권력에의 의지의 행위를 완전히 중단하면, 그 의지는 공격 목표를 자신에게로 돌린다. 정신적인 자살. 여기서 니체는 가장 먼저 불교를 떠올린다. 불교의 선(禪)은 본질적으로 자신을 소멸시키려는 시도이고, 모든 욕구와 열정은 이기적인 욕구에서 나온다. 해탈은 니체가 권력에의 의지의 원치 않는 자기파괴라고 간주하는 자아의 완전소멸이다.

니체는 불교를 삶으로부터의 후퇴라고 생각하면서도 그 입장을 철저히 정당화시키는 데 충분할 만큼 불교에 관해 언급하지 않고 있다. 사실상, 특히 19세기의 독일인 치고는 불교에 관해 많은 것을 알고 있던 니체가 세상에 좀더 보탬이 되는 삶을 살기 위해 이기적인 욕구를 억제하라고 설파하는 불교를 언급하지 않는 것은 놀랍다. 그러한 가르침은 니체의 권력에의 의지를 좀더 건전한 면에서 표현한 것으로 생각되기 때문이다. 쇼펜하우어의 해석에 크게 영향을 받은 니체의 불교에 관한 견해는 좀더 풍자적인 형태를 띤다. 니체가 구체적으로 언급하지 않은 것은 불교뿐만이 아니다. 민주주의와 기독교 신앙에 대한 언급 역시 단순화시킬 때가 많다.

둘째, 권력에의 의지는 과거도 책임져야 하고, 따라서 과거를 더 이상 장애물로 간주해서는 안 된다. 이러한 견해를 받아들이는 사람은 내가 과거에 영향을 미칠 수 없을 것이라고 말할지 모른다. 그러나 내 과거는 내가 만든 것이기 때문에 내 권력에의 의지를 나타내는 영원한 증거다.

니체는 당시 사람들은 모두 어떤 한 가지는 뛰어날지 모르지만, 완전한 인간이 되기에는 요원한 '불구 아닌 불구자'이기 때문에 현재로서는 과거를 책임질 수 없다고 말한다. 삶의 한 가지 측면에서는 창의력이 대단해 보이는 사람도 다른 측면에서는 전혀 그렇지 못한 것. 예를 들어, T. S. 엘리엇*은 시의 혁명을 일으킨 창조적인 천재지만 무례하고 반유대적이고 속물근성이 있는데다가 기독교 신앙과 니체가 멸시했을 만한 다른 전통들에 집착했다. 니체 역시 남녀차별적인 태도가 결함이었다.

'불구 아닌 불구자'의 이러한 약점들은 인간이 초인의 완벽한 개성과 창조력을 지니지 않았다는 사실을 암시한다.

---

* **T. S. 엘리엇**(Thomas S. Eliot, 1888-1965): 미국 시인, 극작가, 문학평론가. 처녀시 "J. 엘프레드 프루프록의 연가"는 현대시의 전형이며, 제1차 세계대전 후 지성인들의 혼란을 노래한 시 "황무지"에 나오는 '4월은 잔인한 달'이란 말은 세계적으로 유명하다. 노벨 문학상 수상(1948). 주요 작품은 시집 〈4개의 4중주〉, 희곡 〈성당의 살인〉 등. 시집 〈고양이에 관한 주머니쥐〉를 극화한 작품이 뮤지컬 〈캣츠〉.

그 결과, 우리는 우리 운명을 완전히 지배하지 못하고, 따라서 과거도 완전히 지배하지 못하는 것. 우리 자신을 완전히 지배함으로써 스스로에 대해 완전하게 책임질 수 있을 때까지는 과거에 대한 책임 주장만으로는 과거를 구제할 수 없다.

차라투스트라가 희구하는 '구제'의 열쇠는 영원회귀의 관념이다.(제3부와 제4부의 핵심 주제) 제2부에서는 영원회귀가 어떤 방식으로 암시되는지를 살펴볼 필요가 있다. 예를 들면, 차라투스트라의 유령("큰 사건들에 대하여")과 꿈("예언자")은 닥쳐올 일을 예언하고, 차라투스트라의 실의("무도곡"의 끝부분과 "예언자")는 아직도 그가 최후의 열쇠를 발견하지 못했다는 것을 암시한다. 제2부의 마지막에서 차라투스트라가 다시 고독 속으로 되돌아가는 이유는 바로 영원회귀를 발견하기 위해서다.

[제3부]
Chapters 1-9

나그네

차라투스트라는 사람이 여행하다 보면 결국은 자기 자신만 체험하고 자신에게 돌아올 뿐이고, 자신만 발견하게 된다고 생각한다. 그는 지금 가장 어려운 여행을 준비하고 있다.

환영과 수수께끼에 대하여

용기는 그 무엇, 심지어 죽음도 극복하도록 도와준다. 아주 무거워 보이는 것도 가볍게 볼 수 있도록 도와주기 때문이다. 이를테면, 우리에게 죽음을 향해 "그것이 삶이었던가? 그렇다면 한 번 더 달라!"고 말하는 법을 가르쳐준다. 그래서 똑같은 사건의 영원회귀에도 맞설 수 있게 해준다. 과거가 영원히 뒤로 뻗어 있고, 만물 가운데서 일어날 수 있는 일이라면 과거에도 분명히 일어났을 것이다. 같은 논리로 바로 지금 이 순간도 과거 어느 때 일어났을 것이다. 마찬가지로 미래가 무한하다면 지금 이 순간을 포함하여 모든 것도 틀림없이 미래의 어느 시점에 다시 일어날 것이다. 차라투스트라는 한 목동이 뱀을 보고 구역질을 하다가 뱀의 머리를 물어뜯어 내뱉고는 빛에 감싸인 자가 되어 웃고 있는 환영에 대해 말하면서 이 장을 끝맺는다.

뜻에 거슬리는 열락에 대하여

차라투스트라는 아직 영원회귀라는 생각과 마주할 수 없을 것 같다. 그는 뜻에 거슬리는 열락이 가져다줄 고통을 기다리지만 여전히 행복하다.

해 뜨기 전

차라투스트라는 하늘이 모든 이유와 목적을 초월한다고 찬양한다. 어차피 우주는 이유와 목적이 아니라 우연과 우발적인 것에 지배를 받는 것이니까.

왜소하게 만드는 덕에 대하여

차라투스트라는 다시 사람들에게로 돌아간다. 그 사이에 사람들이 작아져서 이제는 허리를 굽혀야 어울릴 수 있다. 만족에 대한 욕구, 무엇보다 다른 사람에게서 해를 입지 않으려는 욕구 때문에 왜소해진 그들은 이러한 비겁함을 '덕'

이라고 부르고, 온갖 사람에게 접근해 호의를 베푼다. 명령하는 자조차 섬기는 자의 덕으로 치장하는 위선이야말로 가장 고약하다. 차라투스트라는 자신의 의지를 내세우지 못하는 자들을 존경하지 않는다.

감람산에서

차라투스트라는 겨울과 겨울의 혹독함에 심술궂은 즐거움을 느낀다. 사람들은 그의 끝없는 심연과 행복을 볼 수만 있다면 그에게 화를 내겠지만, 고통받는 것을 본다면 더 이상 시샘하지 않을 것이다.

그냥 지나쳐가기에 대하여

차라투스트라가 큰 도시로 들어설 때, '차라투스트라의 원숭이'라고 불리는 거품 문 어릿광대가 길을 막는다. 그는 차라투스트라에게 도시에는 왜소한 자들과 속 좁은 자들이 가득하니 발길을 돌리라고 권한다. 그의 말을 가로막은 차라투스트라는 그가 잘못된 이유, 즉 그들이 자기에게 아첨을 떨지 않았기 때문에 그들을 경멸하는 것이라고 말한다. 반면, 차라투스트라는 개선과 개악의 여지가 있는 그들의 모습을 사랑하기 때문에 경멸한다. 차라투스트라는 어릿광대에게 그토록 도시가 싫으면 떠나라고 설파한다. "더 이상 사랑할 수 없는 곳이라면 그냥 지나쳐가야 한다."

변절자에 대하여

　차라투스트라는 제자들이 대부분 신에게로 되돌아간 사실을 발견하고 실망한다. 혼자 싸워나가기보다는 신앙을 갖는 쪽이 더 편하다는 사실을 알아차린 것. 그러나 한물간 신들은 이미 오래 전에 끝장이 났다. "신은 유일하다. 나 이 외에 다른 신을 섬기지 말라"고 말한 신을 보고 너무 웃다가 죽었다는 것이 차라투스트라의 말씀.

귀향

　차라투스트라는 산에 있는 집으로 돌아가 고독을 즐긴다. 사람들은 참으로 별나다. 너나 할 것 없이 온갖 말을 해대지만 중구난방(衆口難防)이고, '선한 자'를 자처하는 자들이야말로 더없이 독성이 강하다.

　: 풀어보기

　"환영과 수수께끼에 대하여"에서는 처음으로 영원회귀를 접하게 된다. 제3부의 나머지 부분은 영원회귀의 결과를 받아들이려는 차라투스트라의 노력이 실패한 것을 다루고 있다. 영원회귀 이론의 기본은 아주 간단하다. 사건들은 한 번만 일어나는 것이 아니라 영원히 거듭되기 때문에 현재의 사건은 과거에도 무수히 일어났고 앞으로도 끝없이 거듭된다는 것. 그러나 이 이론을 니체 철학의 테두리에 넣고 그 중요성을 설명하자면 좀 어려울 수도 있다.

우선, 이 이론의 과학적 타당성에 의문을 제기할 수 있고, 또 그 타당성과 이 이론과의 연관성도 물을 수 있다. 영원회귀 이론은 시간이 영원하다면 모든 일이 언젠가는 다시 일어난다는 주장에 근거한 것으로 생각되는데, 수학적 근거가 약하다. 게오르크 지멜*이 제시하는 예. 하나의 축에 바퀴 3개가 나란히 연결되어 있다. 이 바퀴들은 별개지만 서로 연결되었다는 것을 나타내기 위해 각 바퀴의 꼭대기에 표시를 한다. 바퀴들이 돌기 시작해서 첫째 바퀴는 1초에 한 바퀴, 둘째 바퀴는 1초에 두 바퀴, 셋째 바퀴는 1초에 한 바퀴 반을 돈다면 무한히 돌고 돌아도 각 바퀴에 표시된 점들이 다시 일직선상에 돌아오는 일은 결코 없다.

발터 카우프만은 니체가 이 이론의 과학적 근거를 찾으려고 했던 증거를 제시하고, 질 들뢰즈는 영원회귀 이론이 단순한 수학적 주장 이상의 깊은 의미를 지니고 있다고 말한다. 니체의 기본적인 주장 가운데 하나는 우주는 항상 변하고, 따라서 절대적인 것이나 고정된 것은 없다는 것이다. 영원한 것은 아무것도 없다. 만약 모든 것이 권력에의 의지

---

* **게오르크 지멜**(Georg Simmel. 1856-1918): 독일 사회학자. 칸트 철학과 니체 철학의 모순적 과제를 통합했다. 막스 베버와 함께 독일 현대 사회학을 창시했으나 베버와 달리 학계의 인정을 받지 못했다. 주요 저서는 〈돈의 철학〉 등.

의 지배를 받아 스스로를 바꾸고 극복하게 된다면 고정된 상태로 있는 것은 없다. 따라서 영원회귀는 '생성되고 있는 존재'를 온전히 표현하고 있다. 즉 모든 것이 생성되는 상태이고, 또 항상 그래 왔다는 것. 사물이 지향하는 최종 상태의 존재가 있다면 벌써 오래 전에 그 상태에 이르렀을 것이고, 사물이 처음 출발하는 최초 상태의 존재가 있다면 그 상태를 떠난 것이 절대 아니라는 것이다. 우주에서 유일하게 한결같은 것이 있다면, 생성되어 가는 것, 즉 변화다.

들뢰즈가 보는 영원회귀는 바퀴들에 표시해 놓은 점들이 일직선이 되는 것 같은 고정된 상태의 회귀를 의미하지 않는다. 항상 생성되고 있는 우주에서는 존재의 개념은 되돌아오는 것, 즉 회귀의 개념으로 대체된다. '회귀하는 것은 생성되고 있는 존재'다. 따라서 니체의 우주 관념에는 진정한 신이라든가 확정된 도덕 등, 고정된 것이 없다. 모든 것은 변하고, 그 변화들은 영원히 반복된다.

영원회귀는 우리가 어떻게 받아들이느냐가 중요하다. 우주를 움직이게 하는 어떤 이유나 목적이 있다는 생각을 버려야 하고, 무엇보다도 우연이 모든 변화를 지배한다는 사실과 우리가 이미 행했고 앞으로 행할 모든 것이 무한히 되풀이된다는 사실을 받아들여야 한다. 우리는 가장 행복한 순간이 영원히 되풀이된다고 생각하면 즐거울지 모르지만, 최악의 순간과 우리의 평범함도 되풀이되고 절대 개선되지 않는다는 사실 또한 대면해야 한다. 차라투스트라는 이러한 영원회귀라는 사고를 받아들일 수가 없다. 그가 그토록 경멸하는 인간의 평범성이 절대 극복되지 못하고 영원히 반복된다는 사실을 인정해야 하기 때문이다.

Chapters 10-16

세 가지 악에 대하여

차라투스트라는 기독교 도덕이 가장 고약하게 비방하고 왜곡해 왔던 세 가지 '악'—관능적 쾌락, 지배욕, 이기심—을 인간적인 관점에서 저울질하고 찬양한다. 관능적 쾌락은 자신의 신체를 경멸하는 자들에게는 양심을 찔러대는 바늘이고 내세를 신봉하는 자들에게는 '세속'으로 저주받는 악이지만, 자유로운 마음을 가진 자들에게는 현재의 순간을 즐거운 마음으로 긍정하는 것이 될 수 있다. 지배욕은 '권력에의 의지'를 달리 표현한 것으로, 이 세상에서 모든 변화와 개선을 추진하는 힘이며 비굴한 자들에게 악으로 보일 뿐이다. 이기심은 자기 자신을 자랑스럽게 생각하며 즐기는 것에 불과하다. 자기를 부끄럽게 생각해야 할 이유가 있는 겁쟁이들만 이기심이 달갑지 않을 수 있다.

중력(重力)의 악령에 대하여

우리는 삶을 보편적인 선과 악의 개념에 결부시켜 너무 심각하게 생각한다. 마치 꾸준히 선을 행해야만 삶을 용서받을 수 있을 것처럼. 이것이 바로 삶을 짊어져야 할 짐으로 생각하는 '중력의 악령'이다. 차라투스트라는 우리에게 자기 자신을 사랑하는 법을 배우고(이것은 쉬운 일이 아니라고 인정한다.) 삶을 고된 시련이나 짐으로 생각하지 말고 독자적인 선과 악을 만들어내는 즐거움으로 생각하라고 말한다. 진리에 이르는 길과 방법은 다양하다. 삶의 유일한 방법을 찾기보다는 "이건 내 길인데, 네 길은 어디에 있지?"라고 말할 수 있어야 한다.

낡은 서판(書板)과 새로운 서판에 대하여

이 장은 30개 부분으로 나뉘어 니체 철학의 많은 주제를 조금씩 언급한다. 검토되는 '서판들'은 다양한 도덕률로서, 십계명을 암시하는 것이 분명하다. 차라투스트라는 시종 낡은 도덕률의 낡은 서판들을 깨트리라고 촉구한다. 선과 악의 실체를 알고 있다고 믿고 이 기준은 영구불변하다고 말하는 자는 세상이 싫어진 자와 삶을 증오하는 자들이다. 세상은 영원히 생성되는 상태에 있는 것이지 존재 상태에 있는 것이 아니다. 이 세상에서 변하지 않는 유일한 사실이라면 세상은 변한다는 것이다. 요지부동의 도덕률이 있다고 설교하는 자들은 삶의 역동성을 부인하려 한다. 바로 새로운 도덕체계를 만들려 했다는 이유로 예수를 십자가에 못 박은 바리새인들. 우리는 예수처럼 창조자가 되어야 하지만, 어떤 창조자가 되든 춤추는 것과 비웃는 것이 행복의 요체가 되어야 한다.

건강을 되찾고 있는 자

차라투스트라는 영원회귀와 정면으로 대면하려다 구토를 일으키며 의식을 잃는다. 의식을 되찾은 그는 이레 동안 회복기를 거친 후 인간이 얼마나 잔인한 짐승인지를 이야기한다. 우리는 다른 사람이 고통스러워하는 모습을 즐기면서 그것을 '연민'이라고 부른다. 차라투스트라가 구토를 느낀 이유는 모든 것이 영원히 되풀이된다면 평범한 자와 왜소한 자도 영원히 되돌아올 것이란 생각 때문이었다. 건강을 되찾고 있는 자(차라투스트라)의 짐승들은 그가 영원회귀를 가르치는 스승이 될 운명이라고 말한다.

크나큰 동경에 대하여

차라투스트라는 자신의 영혼을 향해 자기가 영혼을 풍요롭게 만들기 위해 얼마나 많은 것을 주었는지 말한다. 그렇다면 "우리 가운데 어느 쪽이 고마워해야 할 것인가?" 수여자인 자신인가, 아니면 수신자인 영혼인가?

두 번째 무도곡

차라투스트라는 여자로 묘사된 삶과 춤을 추면서 귀에 대고 속삭인다. 영원회귀를 아노라고. 이 장은 종이 열두 번 울리면서 "모든 기쁨은 영원을 원한다"는 말로 끝을 맺는다.

일곱 개의 봉인 또는 '그렇다'와 '아멘'의 노래

차라투스트라는 마침내 영원회귀를 완전히 받아들이고, 즐거운 노래를 되풀이해서 부른다. "내가 너를 사랑하기 때문이다. 오, 영원이여!"

· 풀어보기

차라투스트라는 제3부의 대부분을 영원회귀의 결론과 씨름하다가 마침내 마지막 두 장에서 받아들인다. "건강을 되찾고 있는 자"에는 차라투스트라가 평범한 인간이 영원히 반복된다는 사실을 용인할 수 없기 때문에 영원회귀를 받아들이지 못하고 고심하는 모습이 나온다. 그러나 그 앞 장들은 인간이 영원회귀를 이해하지 못하기 때문에 평범함에서 벗어날 수 없다는 사실을 염려하고 있는 듯 보인다.

차라투스트라(니체)가 인간을 비판하는 다양한 이유는 결국 세상이 항상 변하고 있다는 사실을 알지 못한다는 것으로 귀결된다. 변화를 일으키는 것은 권력에의 의지이고,

권력에의 의지는 삶의 핵심이다. 따라서 변화를 부인하는 것은 삶을 부인하는 것이나 같다. 사물을 고정된 것으로 보려는 시각은 세상에는 하나의 진정한 도덕, 하나의 진정한 신, 또는 하나의 절대 진리밖에 없다는 생각을 갖게 만든다. 차라투스트라는 이것을 '중력의 악령'이라고 비판하고, 절대적인 것에 휘둘려서는 안 된다고 강조한다. '중력의 악령'은 두 가지 목적을 갖는다. 첫째, 절대적인 것의 무게를 나타내는 것. 둘째, 절대주의의 중대성을 나타내는 것. 절대주의는 조소와 춤에 반대된다. 세계를 보는 '올바른' 방법이 있다면 내 자신만의 관점을 만들어내고 싶은 생각이 결코 일어나지 않을 것이다.

차라투스트라가 기독교 신앙을 줄기차게 비판한 것을 감안하면, 예수를 새로운 시각을 창조한 자라며 찬양하는 것은 기이할 수도 있다. 그러나 이 같은 태도는 그의 기독교 비판론보다 양면적이다. 니체는 복음서를 비판하고 기독교 세계를 경멸하면서도 인간 예수는 크게 존경했다. 예수가 가르치는 기독교 도덕은 종종 자신의 관점과 상반되지만, 독자적인 도덕적 관점을 만들어낸 용기와 의지는 존경한 것. 그리고 유대인을 '분노'라는 노예 도덕을 만들어낸 원조라고 경멸했지만 불리한 입장을 강점으로 전환시킨 그들의 창조성과 의지의 힘을 높이 평가한 태도와도 비슷하다.

10장의 세 가지 '악'은 '중력의 악령'이 만들어낸 것으로 이해하면 된다. 관능적 쾌락은 육체와 속세의 삶에서 가장 근본적인 즐거움의 표현이기 때문에 그 순간의 세계와 변화의 세계에 집착하게 만들며, '중력의 악령'과는 반대된다. 지배욕은 권력에의 의지나 같기 때문에 당연히 '중력의 악령'과는 반대된다. 차라투스트라는 이기심을 자기 자신에 대한 관심, 자기 자신을 좋게 만들려는 욕망과 연계시킨다. 그 같은 이기심은 자기극복과 변화가 필요하기 때문에 역시 '중력의 악령'이 지닌 관성적인 힘과 반대된다.

차라투스트라는 이 책 여러 곳에서 '악'을 찬양하는데, '악'은 부정적인 단어이기 때문에 이상해 보인다. 그에 따르면, '악'이라고 생각되는 것들은 어떤 특정한 도덕적 관점에서 '악'으로 간주되고 있을 뿐이다. 우리가 변하려면 낡은 도덕을 극복하고 버려야 하며, 그 도덕이 지시하는 것과 반대로 행동해야 한다. 따라서 모든 변화와 극복의 행위는 낡은 사고에 빠져 있는 자들이 보기에는 '악'일 수밖에 없다.

변화에 대한 찬양과 '중력의 악령'에 대한 경멸은 결국 영원회귀를 가리킨다. 영원회귀의 수용은 '중력의 악령'을 거부하고 모든 것은 변한다는 사실을 받아들이는 것이다. 이러한 변화의 본질은 반복이다. 차라투스트라는 가끔 조소, 기쁨, 춤을 이러한 관점과 연관시킨다. 절대적인 것이 없는 세계에서는 심각하게 생각할 것이 없기 때문이다. 영원회귀는 삶의 순간순간이 동떨어진 것이 아니라 영원토록 반복되는 순간이란 사실을 받아들이는 것이다. 어떤 의미에서 보면, 현재의 삶에 대한 궁극적 사랑.

고정되고 영원한 것은 없다. 따라서 '사물'도, '진리'도, 절대적인 것도, 신도 없다. 그러나 고정된 이익을 위해 지나가는 순간이 하나도 없다는 의미에서 영원하다. 모든 순간은 영원히 반복되지만, 그 순간들에는 어떤 궁극적인 의미나 목적이 수반되지 않는 것이다. 삶은 우리가 만드는 것이며, 그 이상 아무것도 아니다. 만약 순간순간이 우리에게 그냥 일어나는 것이 아니라 우리가 일어나도록 만든 것으로 보고 책임질 수 있다면 우리는 영원을 향해 뻗어 있는 힘을 느끼듯 매 순간을 즐길 수 있다.

[제4부]
Chapters 1-9

:요점정리

꿀 봉납

어느 새 백발이 된 차라투스트라는 사람들에게로 다시 내려가기보다는 가장 높은 산으로 올라가서 사람들이 찾아오기를 기다리기로 한다.

비탄의 부르짖음

동굴 밖에 앉아 있는 차라투스트라 앞에 예언자(제2부에서 등장)가 나타난다. 예언자는 그에게 그의 마지막 허물인 연민과 대면해야 한다고 말한다. 이때 비탄의 소리가 들리자 차라투스트라가 예언자에게 누구냐고 묻는다. '보다 지체가 높은 인간'이란 대답을 들은 차라투스트라가 숲속으로 그를 찾아 나선다.

왕들과의 대화

외침의 주인공을 찾아 나선 차라투스트라는 짐 실은 나귀 한 마리를 앞세우고 오는 두 명의 왕을 만난다. 오직 남을 기쁘게 하고 작은 기쁨을 누리는 데만 정신이 팔려 있는 평범한 자들이 모여 사는 '격조 높은 사회'에 구역질을 느끼고 왕국을 저버린 왕들. 그들은 보다 지체 높은 인간을 찾고 있다는 차라투스트라의 말을 듣고 기뻐한다. 가장 지체 높은 자가 지상에서 가장 높은 지배자가 되어야 한다. 그러니 힘 있는 자들이 가장 고매한 자들이 아니라면 인간에게 이보나 더 가혹한 불행은 없다. 차라투스트라는 그들을 동굴로 데려와서 기다리고 있으라고 한다.

거머리

차라투스트라는 이번에는 늪에 누워 거머리들을 팔에 달라붙게 하려는 사내를 밟고 만다. '정신의 양심을 지닌 자'를 대표하는 그는 자기 생각에 스며들어 있는 모든 편견과 가정으로부터 벗어나고(거머리들에게 "빨아 먹히고") 싶은 것. 차라투스트라는 이 사내에게 자기 동굴로 가서 기다리라고 말하고는 다시 여행길에 오른다.

마술사

차라투스트라는 고민에 빠져 땅바닥에서 몸부림치며 괴로워하는 마술사를 만난다. 얼마 후 차라투스트라가 마술사에게 그를 속이려 한다며 화를 내자 그를 시험해 보려고 '정신의 고행자'인 척 했다고 자백한다. 차라투스트라는 어떤 면에서는 고행자처럼 보이지만 완벽하지 못했다고 지적한다. 마술사는 사람들이 자기를 위대한 사람이라고 믿어주기를 바라면서도 정작 그렇지 않다는 사실을 알고 있다고 말한다. 마술사의 정직성에 경의를 표한 차라투스트라는 자기 동굴을 가르쳐주며 가라고 말하고 다시 길을 간다.

실직

차라투스트라는 신이 죽었다는 사실을 슬퍼하고 있는 최후의 교황을 만난다. 그 교황은 신을 믿지 않는 사람들 가운데서 가장 경건한 자인 차라투스트라를 찾아나서는 길이었다. 그는 신이 인간을 너무나 가여워하다가 죽었다고 말한다. 차라투스트라는 그 장면을 실제로 목격했냐면서 신들은 다양한 방식으로 죽기 때문에 그럴 수도 있겠지만, 어쨌든 그 신은 우리들이 자기가 시키는 대로 하지 않았다며 우리를 비참하게 만들고 벌을 내렸다고 비난한다. 감명을 받은 교황이 차라투스트라에게 손님으로 맞아달라고 청하자 역시 자기 동굴로 가라고 말한다.

더없이 못생긴 자

차라투스트라는 맹수조차 피해 가는, 짐승들이 살고

있지 않은 죽음의 계곡으로 들어갔다가 신을 죽인 '더없이 못생긴 자'를 만난다. 그를 보고 잠시 연민에 어쩔 줄 몰라 하던 차라투스트라는 이내 그 마음을 억누르고 제정신을 찾는다. 이 사내는 사람들이 자기의 고통에 연민을 보이는 것이 수치스럽다. 연민, 소인배들이 하나같이 덕이라고 부르고 있는 바로 그것. 그는 신이 모든 것을 지켜본 눈으로 사람들의 치욕과 추함을 속속들이 들여다보고, 무엇보다도 자기의 더러운 구석까지 파고들어와 연민의 정을 보인다는 생각이 들자 신을 죽였다. "창조하는 자는 하나같이 가혹하고, 위대한 사랑은 한결같이 연민을 초월해 있다"는 것이 차라투스트라의 가르침이지만, 차라투스트라 역시 연민과 그를 넘어뜨릴 수 있는 도끼를 알고 있는 자기까지도 경계해야 한다는 것이 더없이 못생긴 자의 경고다. 고마움의 표시로 차라투스트라는 그 사내도 동굴로 보낸다.

스스로 거지가 된 자

차라투스트라는 한때 부자였으나 그 사실이 부끄러워 풍요로움과 마음을 가난한 자들과 나누기 위해 스스로 거지가 된 자를 만난다. 그의 말에 따르면, 가난한 자들 역시 탐욕, 시샘, 복수심, 천민의 자부심 등, 부자 못지않게 역겹기는 마찬가지다. 위에도 천민, 아래도 천민. 무엇이 가난함이고, 무엇이 부유함인가? 그 차이는? 따라서 암소들 사이에 앉아 되새김질하는 법을 배우려 하고 있었다는 것. 그자는 암소보다 차라투스트라가 더 좋다고 말한다. 앞서 그를 자기 동굴로 보내려던 차라투스트라는 입에 발린 말로 자신을 욕되게 한다며 지팡이를 휘둘러 쫓아버린다.

그림자

차라투스트라는 그림자에게 쫓기는 자신을 발견한다. 그가 어디를 가든 쫓아왔던 그림자는 진리와 지식을 대담하게 쫓아다녔으나 이제는 길을 잃고 목표도 없어진 것. 차라투스트라는 그림자에게 동굴에 가 있으라고 말하고는 길을 떠난다.

풀어보기

차라투스트라가 만난 자들은 모두 그가 동경하는 초인의 정신을 조금씩 가졌지만, 몇 가지 부족한 점이 있다. 카우프만은 이 인물들 각자가 니체의 풍자적인 자화상을 보여주고 있다고 지적한다.

예언자는 제2부에서 허무주의가 더욱 강해질 것이라고 예언했다. 니체가 죽은 지 100년이 지난 지금, 우리가 바로 그러한 상태에 빠져 있다고 니체는 말할지도 모르겠다. 예언자는 차라투스트라에게 곧 사람들이 당신 수준에 도달할 테니 좀더 지체 높은 자를 찾으라고 권하는 한편, 행복은 더 이상 없을 것이라고 쓸쓸하게 말한다. 이 장면은 니체 자신이 자주 빠지곤 했던 부정적인 기분을 나타내는 듯하다. 자기가 올바른 이상을 모두 지녔지만, 최상의 것을 목표로 삼기보다는 최악의 것을 예언하기가 훨씬 쉽다는 사실을 알게 된 것.

귀족 출신인 두 왕은 인간사회의 천박함에 질려 안락함과 부(富)를 포기하고 보다 높은 곳에 있는 사람을 찾기 위해 힘든 여행에 나선다. 니체도 대학에서 나오는 연금을 받으면서 병을 치료할 수 있었지만 끊임없이 글을 쓰고 생각하기 위해 이들처럼 모든 안락함을 포기했다. 차라투스트라를 만난 왕들은 과도한 존경을 표하면서 좀더 지체 높은 자를 찾는 일을 여기서 그만두고 싶다고 말한다.

거머리에게 자기 팔을 내맡긴 정신의 양심을 지닌 자는 니체가 이상적으로 생각하는 선한 철학자를 나타낸다. 그는 한 번도 의문을 가져보지 않은 편견과 가정에 의지하거나 그것들을 옹호하지 않고 모든 독단론이 거머리에게 피를 빨아 먹히듯 자기에게서 빠져나가주기를 바라지만, 겨우 거머리들을 자기에게로 끌어 모으기만 했을 뿐이다. 이전의 편견에서 벗어나기는 했으나 더 이상 나아가 자신만의 어떤 새로운 것을 창조하지 못하고 있는 것.

마술사가 자기 생각으로 괴로워하는 고행자 흉내를 낸

것은 철학을 나타낸다. 철학은 오로지 금욕주의적인 성직자의 '가면'을 쓰고 심오한 진리를 정성스럽게 지켜내는 자세를 취해야만 권리를 주장할 수 있었으며, 철학자들은 따지고 보면 장난기 많고 가벼운 마음의 소유자라는 것이 니체의 생각이다. 마술사는 철학자처럼 스스로 아직 초인이 되지 못한 것을 알고 있기 때문에 고행자의 가면을 쓰고 있었다. 차라투스트라는 아직 완벽하지는 못해도 위대한 사람이 되고자 하는 욕망과 아직 위대해지지 못했다는 사실을 인정하는 겸허한 자세를 칭찬한다.

신이 연민의 정 때문에 죽었다는 것은 연민에 대한 니체의 비판이 절정에 이르렀음을 보여준다. 구약의 하느님은 형벌이 따르는 법을 만들었으나 신약에서는 인간을 사랑하고 연민의 정을 보이는 하느님으로 묘사되고 있다. 아무리 하느님이라도 모든 인간의 고통을 함께 짊어지려면 연민의 양이 엄청나서 감당하지 못할 것이다. 최후의 교황은 예리하고 양심적인 마음을 지녔으면서도 신을 그리워하고 절대적인 것을 동경한다.

더없이 못생긴 자는 사람들의 연민에 분개할 정도로 고고한 성격과 수치심을 가졌고, 특히 하느님을 남의 일에 일일이 참견하는 존재로 생각하고 있다. 연민의 정을 보이면서 자기의 가엾은 사정을 속속들이 노출시킨다는 것. 그는 정말 못생기고 역겨운 자였지만 차라투스트라는 그의 연민 비판을 찬양한다. 병을 달고 살았고 그 때문에 고통받았던 니체 역시 원치 않는 갖가지 동정을 받았을 것이고 분개했을 터.

스스로 거지가 된 자는 왕들처럼 평범한 사회의 가식과 편견이 역겨웠다. 소의 '되새김질'은 모든 일을 신중하게 거듭거듭 생각하는 자세를 가리킨다. 니체는 사람들이 너무 빨리 읽고 생각하기 때문에 중요한 것을 이해하지 못한다고 자주 비판했다. 그러나 이 거지는 소처럼 깊이 생각만 할 뿐 창조적인 정신은 없다.

차라투스트라의 그림자는 진리와 지식을 오랫동안 끊임없이 추구하는 덕목을 나타낸다. 그러나 이제 그림자는 찾는 일이 허사로 돌아가자 실망하고, 고고한 구도자이면서도 그 일을 계속할 힘이 없다. 게다가 혼자 힘으로 찾는 것도 아니고 항상 차라투스트라의 뒤만 쫓아다닌다. 초인이 되려면 자신만의 길을 개척해야 한다.

Chapters 10-20

정오에

차라투스트라는 정오에 나무 아래 누워 낮잠을 잔다. 세상의 완벽한 모습에 황홀감을 느끼며.

환영 인사

차라투스트라가 동굴 가까이 다가섰을 때, 보다 지체 높은 자가 외쳤다고 생각했던 그 절박한 부르짖음이 다시 들린다. 그가 만났던 자들이 집단으로 내는 소리였다. 차라투스트라는 그들은 초인이 아니며, 자기는 그들을 기다린 것이 아니었다고 말한다. 아직 그들은 너무 약해서 다른 사람들의 선처를 구하고 있으며, 여전히 과거의 편견을 얼마간 가지고 있다는 것. 그들은 한낱 초인에게로 가는 다리에 불과하다. 뭔가 더 위대한 것이 다가오고 있다는 조짐일 뿐.

최후의 만찬

예언자의 제의에 따라 일행은 함께 향연을 준비한다.

보다 지체 높은 인간에 대하여

저녁식사 때 보다 지체 높은 인간에 관해 말하던 차라투스트라는 일찍이(이 책의 머리말) 자기는 아무것도 모르는 천민들에게는 초인 이야기를 해도 소용이 없다는 것을 알았다고 덧붙인다. 그들은 인간은 인간일 뿐, 신 앞에서는 모두 평등하다고 주장한다. 그런데 이제 신은 죽지 않았는가. 그러니 지체 높은 인간들은 자기를 이겨내고 초인이 되어야 한다. 극기는 용기, 악, 고통, 동기 부여, 고독이 요구된다. 보다 지체 높은 인간들은 초인이 아니라고 해서 슬퍼하지 말 것이며, 무엇보다 모든 것을 무조건 불신하고 웃음과 춤추는 법을 배우는 것이 중요하다.

우울한 노래

말을 마친 차라투스트라는 밖으로 나간다. 마술사가 다른 자들에게 노래를 불러준다. 자기는 진리를 추구하는 자가 아니며, 그저 어릿광대이거나 시인에 불과하다는 우울한 내용.

과학에 대하여

'정신이 양심적인 자'는 과학은 두려움에서 시작되었

다고 주장한다. 인간은 다른 짐승들과 자신들의 동물적 본능을 두려워했던 인간들이 그 두려움을 다듬어 과학이라고 부르게 되었다는 것. 동굴로 돌아온 차라투스트라가 마침 이 말을 듣고 과학은 두려움이 아니라 용기를 다듬는 데서 탄생했다고 말한다.

사막의 딸들 틈에서

차라투스트라의 그림자는 유럽에서 멀리 떨어진 동양에 갔을 때를 노래한다. 온갖 기쁨에 둘러싸여 있었던 때.

각성

동굴 안이 시끄러워지자 차라투스트라는 다시 밖으로 나간다. 그와 손님들이 '중력의 악령'을 내몰고 나서 즐거워하는 가운데, 그의 눈에 동굴 안에 있는 자들이 왕의 나귀에게 기원하고 있는 기막힌 모습이 눈에 들어온다.

나귀 축제

차라투스트라는 참지 못하고 동굴 안으로 뛰어 들어가 어째서 나귀에게 기원하느냐고 손님들을 나무라면서도 좋은 징조로 받아들인다. 그들이 건강을 되찾고 있다는 징표니까.

몽중보행자의 노래

그들은 모두 밖으로 나와 나란히 선다. 깊은 생각에 잠겨 있는 듯한 차가운 밤. 더없이 못생긴 자는 난생 처음으로 지나온 삶에 만족을 느낀다고 말한다. 차라투스트라와 함께 벌인 축제가 자기를 깨우쳐 이 세계를 사랑하게 만들었다는 것. 다른 자들도 모두 동의하며 차라투스트라에게 감사를 표한다. 차라투스트라는 노래를 부른다. 〈차라투스트라〉의 정점(頂點). 세상은 아주 깊디깊은 비애와 가슴을 도려내는 고뇌보다 깊은 기쁨이 가득하다. 사람들은 비애와 고통으로 인해 뭔가 다른 것을 찾게 되지만, 기쁨 자체는 그저 영원하기를 바란다. 우주만물은 서로 밀접하게 연결되어 있기 때문에 이 기쁨에 수반되는 고통을 받아들이지 않고는 영원한 기쁨을 바랄 수 없다. "기쁨은 모든 사물의 영원을 바란다. 깊디깊은 영원을 바란다."

조짐

다음날 아침 잠자리에서 일어나 동굴 밖으로 나갔다가 사자 한 마리를 만난다. 차라투스트라는 사자를 초인이 오고 있는 조짐이라고 생각한다. 마음이 숙연해지면서 눈물이 흘렀다. 시간이 갔다. 그는 자신의 마지막 죄, 즉 보다 지체 높은 인간들에 대한 연민을 극복했다는 사실을 알고 승리감에 취해 벌떡 일어난다. "나의 아침이다. 나의 낮의 시작이다. 솟아올라라. 너 위대한 정오여!"

풀어보기

제4부는 조소를 끝없이 칭찬하는 책에서나 나올 듯한 가슴을 파고드는 풍자와 해학이 가득하다. 1-9장에서는 부분적으로 니체 자신을 조롱하는 갖가지 풍자를 접할 수 있고, 10-20장에 담긴 더욱 유쾌하고 재미난 내용은 차라투스트라의 그림자가 부르는 노래 속에 모두 압축되어 있다.

차라투스트라의 동지들 가운데 초인이 될 수 있는 자는 없다. 과거 세계를 상당 부분 그대로 지니고 있기 때문이다. 예를 들어, 교황은 신에 대한 사랑으로 괴로워하고, 더없이 못생긴 자는 연민에 대한 분노에 사무쳐 있다. 차라투스트라(니체)는 초인은 길러져야 하는 어떤 것이라고 누차 말하는데, 혼인과 자손의 번식에 대한 관심을 보여주는 것이다. 사실상 이들은 번식을 맡을 자다. 마음속에 올바른 목표와 올바른 의도를 가지고 있는 그들의 자손은 아마도 그들이 그토록 떨쳐버리려고 애썼던 편견 없이 태어날 것이다.

차라투스트라는 동지들에게 춤추고 웃으라고 권한다. 무엇보다 신, 진리, 또는 도덕처럼 절대적이라고 생각되는 것들은 무조건 피해야 한다. 제3부 후반부 '풀어보기'에서도 언급되었듯 니체의 모든 비판은 근본적으로 세상에는 영원한 것이 없다는 사실을 모르는 '중력의 악령'이 표적이다. "보다 지체 높은 인간에 대하여"는 니체 사상(제3부의 "옛날 도덕과 새로운 도덕에 대하여")의 요약편이며, 춤추고 웃으라는 간곡한 당부로 끝난다.

뒤이어 나오는 마술사의 "우울한 노래"에서는 이러한 춤과 웃음이 과연 바보나 시인을 만들 뿐인 진리로부터 도피하는 수단인지 의문을 제기한다. 바로 니체가 자기를 비판하고 회의하는 순간이다. 이 노래는 제4부의 다른 시들과 함께 니체의 다른 책에서도 약간 변형된 모습으로 나타난다. 독단론과 절대론에서 벗어나려고 그토록 노력했으면서도 과연 자기가 현실적인 모든 것에서 탈피했는지 의심스러워하는 듯하다. 자기가 바보나 시인처럼 경박하고 남을 즐겁게 하는 것만 다루었기 때문에 스스로를 비웃고 있는 것은 아닌지 의심스럽지만, 이내 떨쳐버리고 뜬금없이 과학 이야기를 꺼낸다.

마지막 순간의 자기회의는 차라투스트라의 동지들이 나귀에게 기도를 시작하면서 나타난다. 나귀에 대한 기도는 모세가 10계명을 받아 시내 산에서 내려오기 전에 이스라엘 사람들이 황금송아지를 만들어 경배하는 구약 성서의 출애굽기 이야기를 빗댄 것이다. 12장의 제목에서 암시되고 있는 '최후의 만찬' 역시 기독교에서는 매우 중요하다.

이처럼 법을 만드는 엄숙한 순간들은 차라투스트라에게는 비웃음의 순간이다. 이러한 성경 구절들에 빗대 니체는 19장에서 독자적인 '계명들'을 만들겠다고 암시한다. 그러나 모든 사람이 따라야 하는 법과 같은 명령은 아니다. 그냥 웃고 기쁨을 추구하며 자기와 암시된 성경 구절들을 포함해 심각한 것은 모조리 조롱하라고 당부하는 것.

'술 취한 노래'에는 영원회귀를 기꺼이 받아들이는 내용이 담겨 있다.

어떤 쾌락에 "좋아"라고 말한 적이 있나? 나의 벗들이여, 그렇다면 모든 고통에도 "좋아"라고 말한 것이다. 모든 것은 뒤엉키고 묶이고 사랑에 사로잡혀 있다. 한 가지를 두 번 원했다면, "행복이여, 나를 즐겁게 해다오! 잠깐만 머물러 다오!"라고 말했다면, 모든 것이 되돌아오기를 원한 것이다. 모든 것이 새로이 시작되기를, 모든 것이 영원하기를, 모든 것이 뒤엉키고 묶이고 사랑에 사로잡혀 있기를 원했다면 그대들은 세계를 사랑한 것이다. 영원한 자들이여, 세계를 영원히 그리고 늘 사랑하라. 그대들은 고통에게도 말한다. 가라 그러나 다시 돌아오라고. 왜냐하면 모든 쾌락은… 영원을 원하니까.

우주는 구분이 가능한 정지된 별개의 순간들로 구성되어 있지 않고, 항상 변한다. 순간순간의 모든 것은 이러한 기본적인 생성과정의 일부다. 따라서 그 변화 속에서 어떤 쾌락의 한순간만을 빼내 다른 순간과는 별개인 것처럼 붙잡고 있을 수는 없다. 이러한 영원회귀, 즉 들뢰즈가 말하는 '생성의 존재(being of becoming)'를 받아들일 수 있다면 쾌락이 고통과 다르지 않다는 것을 받아들일 수 있다. 모두 갖든 아무것도 갖지 않든 둘 중 하나를 선택할 수 있는 것. 모든 것을 갖는다면 기꺼이 영원토록 가져야 한다.

마지막 장에서 등장하는 사자는 1장 "세 변신에 대하여"를 다시 암시한다.(초인이 되는 과정의 2단계) 그 다음에는 순진무구한 창조자인 어린아이가 나온다. 사자를 보고 차라투스트라가 말한다. "내 어린아이들이 가까이 있구나. 내 어린아이들이."

Review

다음 질문에 대해 간단히 서술하시오.(ㅡ부분은 참고만 할 것)

1. 차라투스트라는 "신은 죽었다"고 선언한다. 니체는 이 말을 통해 무엇을 말하고자 하는가? 이 말에 대해 어떤 반론이 있을 수 있는가?

   ㅡ "신은 죽었다"는 "신은 존재하지 않는다"와는 다르다. 차라투스트라는 이 책 여러 곳에서 신은 한때 살아 있었다고 암시한다. 그때의 신은 신자들에게 삶의 의미와 도덕이 되었다. "신은 죽었다"는 말은 신이 서양 문명에서 더 이상 이러한 궁극적인 삶의 바탕이 되지 못하고 있다는 사실을 지적하는 것이다. 이제는 신에 의지해 우리의 주장과 가정을 정당화할 수 없게 된 것. 신은 우리가 믿고자 할 때 그 믿음을 정당화할 수 있는 그 어떤 것이어야 한다. 따라서 신이 실제 존재한다는 말로는 니체의 주장을 반박할 수 없다. 이러한 관점에서 니체의 주장에 반론을 제시하려면, 서양 문명이 아직도 그 주장의 대부분을 종교에 의지하고 있다고 해야 할 것이다. 그러나 이 주장을 관철하기는 쉬워 보이지 않는다.

2. '세 변신'이란 무엇인가? 초인을 만들기 위해서는 왜 이러한 단계들이 필요한가?

— 첫 단계는 힘들고 어려운 모든 것을 스스로 짊어지는 낙타가 되는 것. 둘째 단계는 철저히 독립적인 자세를 취해 자기 자신 이외의 그 어떤 사람에게도 복종을 거부하는 사자가 되는 것. 마지막 단계는 순진무구하고 신선하고 창조적인 어린아이가 되는 것이다. 어린아이는 새로운 가치와 전혀 과거의 영향 없이 세상을 바라볼 수 있는 새로운 방법을 만들어낼 능력을 지닌 초인의 최종 상태를 가리킨다. 이러한 목표에 도달하기 위해서는 먼저 낙타가 되어 우리가 태어나면서 지니게 된 과거의 가치와 삶의 방법에 저항해야 하고, 이어서 사자가 되어 세상을 바라보는 과거의 방법들을 모조리 거부해야 한다. 이러한 과거의 가치와 과거의 관점에 저항하고 이것들을 거부해야만 어린아이처럼 모든 것을 새로이 창조하는 초인이 될 수 있다.

3. **적과 벗의 공통점은 무엇인가? 니체가 제시하는 우정의 개념에 동의하는가?**

— 적과 벗은 모두 서로 초인이 될 수 있도록 시련과 자극을 주는 존재이자 평등한 존재다. 나보다 아래 있는 자는 적조차 될 수가 없다. 벗과 적의 중요한 차이라면, 벗은 따뜻한 마음으로 대하고 적은 그렇지 못하지만 존경할 수는 있다. 벗은 때때로 적이 되고, 적도 때로는 친구가 될 수 있다. 이러한 우정의 개념은 우리가 알고 있는 것과는 다르다. 일반적으로 우리는 벗을 나의 지원자이자 내가 편히 함께할 수 있고 내게 시련을 주어서는 안 되는 사람으로 생각하고 있다. 물론, 최고의 벗은 나 자신의 발전을 촉진하는 데 도움이 될 수 있다. 그러나 니체가 말하는 우정의 개념은 오늘날 우리가 생각하는 것보다는 고대 그리스의 이상에 더 가깝다.

4. 어떤 점에서 니체는 기독교 신앙과 민주주의가 분노의 정신에 그 바탕을 두고 있다고 말하는가?

5. 수도사를 칼로 두 동강 낼 수 있는 야만인보다 수도사의 힘이 세다고 니체가 생각하는 이유는?

6. '불구 아닌 불구자'의 의미는? 우리가 '불구 아닌 불구'로 남아 있는 한, 과거를 구제할 수 없는 이유는?

7. 영원회귀는 무엇이며, 왜 중요한가?

8. 니체는 '중력', '조소', '춤'을 무엇에 비유하는가? 이러한 비유가 철학과 문학에서 갖는 효과는?

9. 니체는 제4부에서 차라투스트라가 동굴로 초대한 인물들을 통해 자신의 부족한 점을 어떻게 나타내고 있는가?

10. 이 책에서 등장하는 성경의 비유는 어떤 의미를 갖는가?

다음 질문에 알맞은 답을 고르시오.

1. 차라투스트라가 산에서 내려오면서 첫 번째 만난 자는 누구인가?

   A. 줄타기 광대

   B. 어릿광대

   C. 성자

   D. 무덤 파는 사람

2. 차라투스트라와 가장 닮은 자는?

   A. 어릿광대

   B. 줄타기 광대

   C. 최후의 인간

   D. 성자

3. 니체가 찬양하는 '전쟁'은 무엇을 의미하나?

   A. 군사적인 정복

   B. 지적인 투쟁

   C. 남녀 간의 싸움

   D. 약자와 병자의 대학살

4. '세 변신' 가운데 마지막 단계는?

   A. 사자

   B. 전사

   C. 낙타

   D. 어린아이

5. 적은 누구와 가장 닮았는가?

A. 오합지졸

B. 이웃사람

C. 배우

D. 벗

6. 다음 중 올바르게 죽은 사람은?

A. 예수

B. 소크라테스

C. 니체

D. 바그너

7. 제2부 시작 부분에서 차라투스트라가 거울 속에서 발견한 것은?

A. 자기 자신

B. 초인

C. 해골

D. 악마

8. '타란툴라 거미'의 설교 내용은?

A. 평등

B. 기독교 윤리

C. 권력에의 의지 이론

D. 극기

9. 젊은 시절 이후 차라투스트라에게서 유일하게 바뀌지 않은 것은?

A. 이상

B. 의지

C. 벗

D. 외모

10. 모든 생명체가 해야 할 일은?

    A. 명령

    B. 순종

    C. 죽이는 것

    D. 신을 믿는 것

11. 제2부에서 예언자의 예언이라고 볼 수 있는 것은?

    A. 기독교의 부활

    B. 초인의 등장

    C. 허무주의

    D. 차라투스트라의 죽음

12. 차라투스트라가 말하는 '인간적인 분별력'에 해당하지 않는 것은?

    A. 가난한 자들에게 자선을 베푸는 것

    B. 이따금씩 속아주는 것

    C. 허영을 칭찬하는 것

    D. 우리 자신의 '악'을 비웃는 것

13. 차라투스트라의 '원숭이'가 차라투스트라와 다른 점은?

    A. 원숭이는 고독이 성장과 발전에 중요하다고 생각한다.

    B. 원숭이는 인간사회가 평범성을 조장한다고 생각한다.

    C. 원숭이는 인간을 증오한다.

    D. 원숭이는 신을 믿는다.

14. 신들은 어떻게 죽었는가?

    A. 뱀이 목을 휘감아 질식해서

    B. 비웃음 때문에

    C. 사람들이 신을 믿지 않았기 때문에

    D. 서로 싸우다가

15. '세 가지 악'에 해당되지 않는 것은?

    A. 관능적 쾌락

    B. 연민

    C. 지배욕

    D. 이기심

16. '건강을 되찾고 있는 자'에서 차라투스트라가 역겨워하는 것은?

    A. 뱀을 삼키는 것

    B. 신을 믿기 시작하는 것

    C. 인간의 현재 상태가 영원히 회귀한다는 인식

    D. 고독을 더 이상 참을 없다는 것

17. 차라투스트라가 정신이 양심적인 자를 처음 만났을 때 하고 있던 일은?

    A. 금을 캐고 있었다.

    B. 보다 지체 높은 자를 찾고 있었다.

    C. 기도하고 있었다.

    D. 거머리를 자기에게 끌어들이려 하고 있었다.

18. 신의 죽음을 설명하지 않는 것은?

    A. 인간을 지나치게 동정했다.

    B. 사람들이 신을 믿지 않게 되었다.

    C. 차라투스트라가 신을 죽였다.

    D. 더없이 못 생긴 자가 신을 죽였다.

19. 스스로 거지가 된 자에게 깨우침을 준 것은?

    A. 부자

    B. 가난한 자

C. 거머리

D. 암소

20. 제4부가 진행되는 시간은?

A. 1시간

B. 하루

C. 한 달

D. 1년

21. 이 책의 마지막 부분에서 차라투스트라의 동굴에 있지 않았던 자는?

A. 예언자

B. 당나귀

C. 최후의 인간

D. 더없이 못 생긴 자

22. 제4부에서 노래를 부르지 않는 자는?

A. 정신이 양심적인 자

B. 차라투스트라

C. 마술사

D. 차라투스트라의 그림자

23. 차라투스트라는 그의 동지들이 누구에게 기원하는 것을 발견했는 가?

A. 자기

B. 보다 지체 높은 자

C. 당나귀

D. 황금송아지

24. 신약 성서의 내용 가운데 이 책에서 비유되지 않은 것은?

    A. 최후의 만찬

    B. 예수의 광야에서의 40일

    C. 7개 봉인의 파괴

    D. 세례요한의 죽음

25. 신약 성서의 내용 가운데 이 책에서 비유되지 않은 것은?

    A. 10계명

    B. 요나와 고래

    C. 욥의 고통

    D. 황금송아지 제작

정답

1. C   2. A   3. B   4. D   5. D   6. B   7. D   8. A   9. B   10. B

11. C   12. A   13. C   14. B   15. B   16. C   17. D   18. C   19. D   20. B

21. C   22. A   23. C   24. D   25. C

권 말 부 록

一以貫之

논술
노트

"그 누구를 위한 책도 아니면서 모두를 위한 책" ㅇ

실전 연습문제 ㅇ

一以貫之는 '논어'에 나오는 말로 '모든 것을 하나의 이치로 꿴다'는 뜻입니다.

논술의 주제와 문제 유형, 제시문들은 참으로 다양하고 가지각색입니다. 그러나 그 모든 것을 하나로 꿸 수 있습니다. '인간사회의 보편적 문제들에 대한 근원적인 물음에 답하는 자기 나름의 견해'라는 것이지요. 논술은 인간이면 누구나 부닥치는 개인적 또는 사회적 문제들에 대한 자기 나름의 고민이자 성찰입니다. 논술은 자기견해, 자기 가치관, 자기 삶에 대한 솔직한 고백입니다.

一以貫之 논술연구모임은 '자신의 물음'과 '자신의 생각'을 갖고 '자신의 글'을 쓸 수 있도록 도와줍니다.

〈집필진〉
우한기, 김재년, 이호곤, 우한기, 박규현, 김법성, 김병학, 도승활, 백일, 우효기, 조형진

"그 누구를 위한 책도 아니면서 모두를 위한 책"

〈차라투스트라는 이렇게 말했다〉는 수많은 주제들이 뒤엉킨 창고다. 갈래를 나눠 줄거리를 잡을 수 있는 글이 아니다. 아주 불친절한 글이라는 말. 그는 책 맨 앞에 "그 누구를 위한 책도 아니면서 모두를 위한 책"이라고 썼다. 누구나 읽어야 할 책이지만, 그러나 어느 누구도 그리 쉽게 읽을 수 없는 책이란 말일 게다.

이 책의 가치는 읽는 이에게 달렸다. 그렇긴 해도 어려운 건 사실이다. 이 불친절은, 어쩌면, 의도된 것일지도 모른다. 스스로의 노고 없이 그저 펼치기만 하면 되는 책들이 얼마나 많은가. 우리는 어느새 편리한 책읽기에 중독되어 버렸다. 쓰는 이들도 마찬가지다. 쉽게 써서 단숨에 읽을 책을 써내려드니 말이다.

내 보기에 이 책의 전체를 일괄하기는 불가능하다. 서점을 뒤져보아도 〈차라투스트라〉 전체를 해설한 책은 찾을 수 없다. 고병권의 〈니체의 위험한 책, 차라투스트라는 이렇게 말했다〉가 유일하다시피하다. 그것 역시 전체의 해석이라기보다는 주제별로 정리해 놓은 책이다. 어쩌면 그것이 최선일 게다. 나만 해도 틈날 때마다 펼치면서 문득 지혜를 얻는다. 마치 경전을 읽듯 읽는 게 오히려 더 낫다.

이 책의 해설은 장마다 하나씩 또는 비슷한 것끼리 묶어서 군데군데 정리하는 수밖에 없다. 분량의 문제도 있겠지만, 자칫 이 위대한 책을 또 하나의 경전, 즉 제목만 알고 정작 열어보지는 못할 책으로 전락시킬 위험 때문이다. 나는 어떻게든 독자들이 이 책을 읽어봤으면 싶고, 내 글은 그 길을 보여주는 것이어야만 한다. 한 달 이상을 끙끙대다가 내린 결론은 차라리 머리말을 집중적으로 해설하자는 것이다.

머리말은 그나마 스토리가 있기에 접근이 조금은 편하다. 게다가 이 두꺼운 책 전반의 주제가 다 녹아 있다. 따라서 머리말을 이해하면 책에 다가가는 데 꽤 도움이 되지 않겠는가.

물론 이 머리말 해설만도 분량이 만만찮다. 그러나 〈차라투스트라〉를 이해하고, 나아가 그와 대화를 나누고 싶다면, 참고 견디시라. 한 구절 한 구절 따라가노라면 차라투스트라의 벗이 될 수도 있겠다는 생각이 드실 게다.

---

* 머리말 각 장마다 붙인 제목은 나름대로 주제라고 생각해서 그리하였다. 필자 주.

1. 몰락

해와의 대화

"너 위대한 천체여! 네가 비추어줄 그런 것들이 존재하지 않는다면, 너의 행복이란 무엇이겠느냐! … 만약에 나와 나의 독수리와 뱀이 없었던들 너는 필경 너의 빛과 그 빛의 여정에 지쳐 있으리라. …"

해는 일방적으로 비추는 존재가 아니다. 비춤을 기꺼이 받아들이는 존재들, 즉 나와 독수리와 뱀으로 인해 빛난다. 상호 주체성. 세계를 천상과 지상으로 구분하고 천상의 것이 일방적으로 지상의 것에 은총을 베푼다는 식의 기존 관념을 뒤엎는 명구다.

천상의 것을 높이게 되면 지상의 것은 그야말로 천한 것, 불완전한 것이 되고 만다. 지상의 부정, 몸의 부정. 니체는 이런 이분법적인 구도 자체를 뒤엎고 싶었던 것이다. 그가 "신은 죽었다"고 선언할 때도 마찬가지다. 그것은 지상과 몸의 회복, 재탄생 선언이다.

여기서 멈추지 않는다. 이 구절에는 천상이 지상을 창조한 것이 아니라, 거꾸로 지상이, 인간 자신이 세계에 의미를 부여한다는, 인간 자신이 세계의 창조자라는 선언이 들어 있다. 이른바 '관점적 해석'.

'관점적 해석'이란, 인간이 세계를 있는 그대로 파악할 수 있다는 관념에 맞서, 인간은 언제나 세계를 자신의 관점에 따라 해석한다는 것이다. '세계의 재창조.' 해의 빛남 역시 그렇다. 해는 내가 있건 없건 빛나겠지만, 그 빛이 내게 다가왔을 때는 언제나 같은 해가 아니다. 늘 다른 의미를 부여한다. 아니, 내가 그 빛에 의미를 부여한다. 따라서 세계는 나를 중심으로 돌고 있는 것이다. 니체 철학의 정수라고 할 만한 대목이다.

베풂 · 나눔

"나는 베풀어주고 싶고 나누어주고 싶다. 사람들 가운데서 지혜로운 자들이 다시 한 번 그들의 어리석음을 기뻐하고, 가난한 자들이 다시 한 번 그들의 넉넉함을 기뻐할 때까지."

상호 주체성을 이야기하던 니체가 돌연 베풂과 나눔을 말한다. 베풂과 나눔이 어떻게 상호 주체성일까. 그것은 일방적이지 않은가.

그의 베풂과 나눔은 지혜로운 자의 바닥을 드러내는 것이다. 알면 알수록 모른다지 않는가. 따라서 그 앎의 한계를 '보여주는' 것도 일종의 베풂이다. 스스로의 바닥을 발견함으로써 다시 생성의 길로 나설 수 있도록 하기에, 그보다 고마운 베풂도 없다. 이것은 일방적인 베풂이 아니다. 스스로의 한계를 발견하는 것은 자기 몫이다. 따라서 상호적이다. 이러한 베풂을 실천하는 자에게 어찌 베풂이란 관념이 스며들 수 있겠는가. 그는, 인간이 기존 지식에 만족하지 말 것을, 현명한 자가 가진 지혜에도 엄청난 한계가 있음을 드러내고 폭로하는 자일 뿐이다. 그것에 기뻐하느냐, 아니면 괴로워하고 비판자를 미워하느냐는 전적으로 받아들이는 자의 몫이다.

그의 베풂과 나눔은 가난한 자의 넉넉함을 보여주는 것이다. 제 가진 것이 결코 적지 않다는 것, 그러기는커녕 제 가진 것보다 더 큰 것은 없다는 것을 발견하게 함이다. 가난하다 함은 세상 기준으로 봤을 때 마땅히 가져야 할 것, 남들이 다 좋다고 하는 것을 못 가짐이다. 그러나 기준을 바꿨을 때, 기존 질서의 기준을 벗어 던졌을 때까지 가난은 가난일까?

그러므로 지혜로운 자가 자신의 지혜에 만족하는 것이나 가난한 자가 자신의 가난에 좌절하는 것이나 본질은 같다. 둘 다 세상의 기준에 종속된 것이고, 그것에 얽매인 채 진정한 자신을 상실한 것이다. 요는 이 기준에 안주하거나 종속되지 않는 것, 자신만의 기준을 만드는 것이다.

차라투스트라의 베풂과 나눔은 세상 기준, 세상 질서

에서 벗어남을 돕는 것이다. 그는 단지 모두가 그것을 깨닫기를 바랄 뿐이다. 그러나 모두가 그 깨달음에 도달할 수 있는 것은 아니다. 또 깨달았다고 누구나 그것을 이루는 것도 아니다. 지혜로운 자가 그의 어리석음을 발견한다고 했지 않나. 깨달음은 다시 몰락을 통해 거듭나야 한다. 영원한 반복이다. 따라서 영원히 이루지 못할 꿈이다.

'영원히 이루지 못할 꿈?' 그렇다면 비현실적이지 않은가, 라고 반문할 수도 있다. 그러나 나는 거꾸로 '영원히 이루지 못할 꿈'을 꾸는 자야말로 가장 현실적인 자일 수 있다고 확신한다. 왜냐? '이뤄질 수 있는 꿈'을 꾸는 자는 지금의 현실에 쉽게 동조하거나, 자신의 꿈이 꺾였다는 사실에 좌절한 채 현재에 주저앉기 쉽다. 그러나 '영원히 이루지 못할 꿈'을 꾸는 자는 아직 그 꿈이 이뤄지지 않았기에 오늘도 그것을 실현하기 위해 나아가는 자다. '이뤄질 수 있는 꿈'을 꾸는 자는 '오늘에 머문 자'임에 반해, '이룰 수 없는 꿈'을 꾸는 자는 '항상 오늘을 사는 자'다.

예수는 '내일 일은 내일 걱정하라. 한 날 걱정은 그날에 족하다'고 했다. 내일은 없다. 항상 오늘이 있을 뿐. 내일이 있는 자의 오늘은 늘 내일을 위한 준비, 도구, 수단일 뿐이다. 그 과정에서 만나는 사람이나 사물, 사건들은 모두 내일을 위한 도구가 되고 만다. 그리하여 진정한 관계 맺음은 멈춘다. 그들에겐 삶이 없다. 반면, 오늘을 사는 자에게는 늘 오늘이 있을 따름이다. 그는 그 과정 자체에 충실하다. 현실적인 꿈을 위해 오늘의 현실을 외면하지 않는다. '내일을 위해 오늘을 사는 자'의 오늘은 소외된 오늘이지만, '오늘을 위해 오늘을 사는 자'의 오늘은 다름 아닌 자기 자신의 오늘이다. 지속적인 창조!!

몰락

"나 이제 사람들을 만나기 위해 지 아래로 내려가려 하거니와, 나 또한 그들이 하는 말대로 너처럼 몰락하지 않으면 안 된다."

여기서 몰락은 이중적이다. 하나는 대중 속으로 들어감이다. 허구적인 천상을 버리고 생들이 약동하는 지상으로 스며듦이다. 다른 하나는 해의 몰락과 생성처럼 그 자신, 끊임없이 몰락하고 다시 생성하는 삶을 살아야겠다는 것이다.

니체 철학에 비춰봤을 때는 아무래도 후자의 해석이 타당하리라. '대중 속으로 스며듦'이라는 발상에는 은연중에 대중에게 무언가 베푼다는 생각이 있는 반면, '스스로의 몰락'은 끊임없는 과정으로서의 삶, 창조적 삶에 대한 동경이 들어 있기 때문이다.

비움=채움

"바야흐로 넘쳐흐르려는 이 잔을 축복하라. 이 잔으로부터 물이 황금빛으로 흘러넘치도록, 그리하여 온 누리에 너의 환희를 되비추어 주도록! 보라! 잔은 다시 비워지기를, 차라투스트라는 다시 사람이 되기를 갈망하노라."

'넘쳐흐른다' 함은 끊임없는 생성이자 끊임없는 '낭비'다. 가진 것을 아끼고 쪼개서 베푼다는 것이 아니라, 베풀지 않으려야 않을 수 없을 정도로 충만하다는, 그래서 '치일치일'(서정주의 "광화문에서". 얼마나 멋진 표현인가!) 넘치기 때문에 결과적으로 베풂이 되는 그런 것.

물이 황금빛으로 흘러넘친다? 그게 가능하기 위해서는 잔이 황금이어야 한다.(제1부의 "베푸는 덕에 관하여" 참조) 그것은 찬란한 환희다. 특정 용도에 국한되지 않는, 그러면서도 스스로 빛나는 존재, 그 존재의 흘러넘침, 그런 빛나는 물들임으로 충만한 세계. 물론, 처음부터 세상이 황금빛 물들임이 되지는 않을 거다. 그것은 밤이면 흰 띠를 드리우는 샛강과 같을 수도 있다.(황지우의 〈어느 날 나는 흐린 주점에 앉아 있을 거다〉 중 "살찐 소파에 관한 일기" 참고) 새하얀 띠가 됐든 온 세상의 황금빛化가 됐든 어쨌든 나는 스스로의 삶을 살 것이다.

'잔은 다시 비워지기를!' 이 대목이 중요하다. 잔은 비워져야 한다. 그래야 새롭게 차오른다. 따라서 잔에 채운 것들은 낭비되어야 한다. 막 써야 한다.

지속적으로 생성할 줄 아는 자는 채운 것에 만족하려는 자신을 경멸할 줄 안다. '그득 참'에서 '완전한 비움'으로 몰락을 감행할 줄 알아야 한다. 늘 그는 위버멘쉬에서 사람으로 몰락을 감행하는 자여야 한다. 그렇지 않고 스스로를 위버멘쉬라고 하는 순간, 그는 이미 위버멘쉬가 아니다.(금강경 제9 一相無相分 참고: "수행자는 수행을 완성해도 그것을 이루었다고 생각하지 않는다"는 내용) 비움이 곧 채움이 된다는 사실을 깨달은 자야말로 늘 오늘을 살아가는 자, 곧 위버멘쉬이리라.

2. 성자와의 대화

재에서 불꽃으로

"그때 그대는 그대의 타고 남은 재를 산으로 날랐었다. 이제는 활활 타고 있는 그대의 불덩이를 골짜기 아래로 나르려는가? 불을 지르고 다니는 자들에게 주어지는 벌이 두렵지도 않은가?"

차라투스트라가 산으로 오를 때 그는 재였다. 재, 타고 남은 찌꺼기, 생명의 상실이다. 그런 잿더미 상태에서 그는 홀로 고독의 자리, 산, 사막으로 향했다. 유치환의 "생명의 서(書)"의 한 구절, "아라비아의 사막으로 나는 가자."

산에서 그는 불덩이를 얻었다. 생명의 회복. 고독의 자리, 비움, 몰락으로 향함은 이처럼 생명의 창조를 낳는다. 자기부정이야말로 위대한 탄생의 출발일진대. 한용운의 "알 수 없어요"의 한 구절, "타고 남은 재가 다시 기름이 됩니다." 타고 남은 재가 기름, 불덩이가 되는 이치를 깨닫는 자라면 기꺼이 재가 될 줄 안다. 그러나 모든 재가 다 불덩이가 되는 것은 아니다. 스스로 재가 되는 자, 스스로가 재임을 깨닫는 자, 그렇게 고독의 사막으로 치달을 줄 아는 자에게만 불덩이가 주어진다. 그는 스스로 불을 훔친다. 자신 속에 들어 있는 그 찬란한 불덩이를.

이제 차라투스트라는 자신이 얻은 불덩이를 골짜기, 세속으로 나르려 한다. 방화자. 방화자에게 주어질 형벌, 그것은 십자가다. 잿더미에 안주한 자에게 불은 고통의 시작이다. 그 고통을 안주자들은 못 견뎌한다. 그러나 차라투스트라는 우리에게 기꺼이 못 견딜 고통을 안겨줄 모양이다.

'춤추는 자', '어린아이', '깨어난 자'

이 셋은 위버멘쉬의 다른 이름이다.

춤이란 중력에의 저항이다.(제2부의 "무도곡" 참고) 몸을 고정시키려는 질서를 거부함이다. 장자(莊子)식이라면, 소요유(逍遙遊)다. 세계의 지배자에 대한 조롱, 자기로 살기, 몸짓 하나하나의 창조성. 이렇게 차라투스트라는 자유인이 되었다.

　　"어린아이는 천진난만이요, 망각이며, 새로운 시작, 놀이, 스스로의 힘에 의해 돌아가는 바퀴, 최초의 운동, 거룩한 긍정이다." (제1부의 "세 단계의 변화에 대하여")

　　깨어남이란, 자신 속에 갇혔던 욕망을 드러냄이다. 지하 방에 가둬두었던 것을 끄집어냄. 무덤을 후벼 팜. 이제 깨어난 자는 잠자는 자를 깨우려 한다. 노예의 삶에 전 생을 바치는 자들에게, 그것은 노예의 삶일 뿐이라고 외치려 한다.
　　성자는 이러한 변화를 차라투스트라에게서 보았다. 어쩌면 그 자신도 이미 이러한 경지에 도달했는지도 모른다. 그러나 성자는 이 경지를 홀로 누리려 한다. 인간은 이러한 경지를 누리지 못하는 존재이므로. 반면, 차라투스트라는 이 경지를 기꺼이 인간들과 나누려 한다. 보살행.

소승(小乘)과 대승(大乘)

　　"바다 속에서처럼 그대는 그렇게 고독 속에서 살았고 그런 그대를 바다가 떠받쳐주었다. 아아, 이제 뭍에 오르려는가? 아아, 또다시 그대 자신의 신체를 질질 끌고 다니려는가?"

성인은 차라투스트라가 고독의 공간, 즉 자기만의 공간에서 자유를 얻었다는 사실을 안다. 바다에서 몸이 둥둥 떠다니듯 그렇게 차라투스트라는 무한 자유를 발견한 것 아닌가. 그런데 왜 다시 중력의 압력을 견뎌야 하는 지상으로 가려 할꼬, 안타깝다. 대지와 몸에 대한 부정. 그런 성자에게 바다는 천상, 곧 신과 더불어 노니는 공간이다. 소승은 저 깨달은 곳에 머문다.

이렇게 천상과 대비되는 대지와 몸은 언제나 부정적일 수밖에 없다. 질질 끌고 다니는 것, 정신의 속박. 몸은 영혼의 무덤. 절대 진리는 언제나 이렇게 지상을 거부했다. 그것은 고정불변의 진리이므로 늘 변화하는 대지와 몸을 불완전한 것으로 여긴다. 그러나 니체는 오히려 이 변화를 긍정한다. 그것이야말로 영원한 창조의 가능성이므로. 그대 위대한 창조자여, 변화를 긍정하라. 변화를 낳는 뭍, 대지를 찬양하라. 대승은 이 무한 가능성의 세계로 나아간다.

사람 사랑법의 차이

"나는 사람들을 사랑하노라."

"그러신가. 그러면 나는 왜 숲속으로 그리고 광야로 갔더란 말이냐? 사람들을 너무나도 사랑했기 때문이 아니었던가?"

성자는 사랑의 이유와 목적, 그리고 결과를 이야기하고 있다. "너무나도 사랑했기 때문에 숲속으로 광야로 갔다"는 거다. 그 사랑의 결과는 좌절이었다. 너무나도 사랑한 대가는 혹독한 배신이었다. 그는 더 이상 인간을 믿지 않기로 했다. 그래서 사람들을 떠나 신만이 존재하는 숲과 광야로 갔다.

차라투스트라는 그냥 사랑한다. 결과에 연연하지 않는다. 대가를 바라지 않는다. 그러므로 배신감을 느낄 이유가 없다. 매일매일 그렇게 사랑하기만 하면 그뿐. 따라서 사랑에 이유나 목적, '너무나도'니 뭐니 하는 수식어가 붙을 필요가 없다. 그냥 간단하게 "나는 사람들을 사랑한다"면 딱이다.

성자의 고백을 들어보라.

"나는 이제 신을 사랑하노라. 사람은 사랑하지 않노라. 사람, 그것은 너무나도 불완전한 존재다. 사람에 대한 사랑은 나를 파멸시키고 말리라."

사람은 불완전한 존재다. 그들은 끊임없이 변한다. 그

러므로 사랑은 결국은 나를 파멸시키고 만다. 좌절감, 허탈감, 포기. 그러나 신은 완전한 존재다. 그는 언제나 그러하고, 따라서 내 사랑을 배신하지 않는다.

신은 없다. 그러므로 신에 대한 사랑은 대상 없는 사랑이다. 준 것이 없으니 돌려받을 것도 없다. 사랑도, 사랑의 보답도 순전히 자기만족일 따름이다.

한 가지만 더. 신은 완전한 존재다. 그 완전한 존재는 내가 사랑하든 않든 늘 완전하다. 내가 어떻게 살든 신의 완전함에는 아무런 타격도 입히지 않는다. 그렇다면 굳이 신에게 인간은 필요하지 않다. 부족하고 죄 많은 인간이 신을 필요로 할 뿐. 둘 다가 서로를 필요로 하지 않는 관계는 일방적 관계다. 따라서 신에 대한 사랑이란, 신의 명령에 대한 완전한 복종뿐이다. 그것만이 유일한 신에 대한 사랑법이다. 그런데 이렇게 일방적으로 복종하는 것도 사랑인가? 노예의 주인에 대한 사랑. 그런 사랑을 즐거운 마음으로 받아들일 신이란 도대체 어떤 신인가? 자동인형들의 복종과 찬양을 기뻐한다면, 그 신은 또라이 아닌가!

"사랑에 대해 내 무슨 말을 했던가. 나는 사람들에게 선물을 가져가고 있는 것이다."

차라투스트라는 사랑에 대해 아무 말도 하지 않았다.

그저 사랑한다는 말을 했을 뿐. 그런데 선물을 가져간다? 앞서 살펴본 베풂과 나눔이다. 고통을 안겨다주는 선물. 앞으로 우리는 이 선물의 실체를 확인할 것이다. 그것이 진짜 선물일 수 있는가의 여부는 전적으로 받는 자의 몫이다.

성자는 권유한다.

"그들에게 아무것도 주지 말라. 차라리 그들에게서 얼마를 빼앗아 그것을 그들과 나누어 짊어져라. … 그들에게 주려면 적선 말고는 따로 할 것이 없다. 그리고 그들로 하여금 그것을 위해 구걸하도록 하라!"

'얼마를 빼앗는다'는 말은 '그들의 짐을 덜어준다'는 뜻으로 해석할 수 있다. '짐?' 그건 그들이 벗어던지고 싶은 세상의 짐, 억지로 견디고 있는 짐일 터. 아니면, 삶을 고달프게 하는 질문들이거나 괜히 복잡하게 만드는 그 무엇들이든가. 사람들은 그걸 못 견뎌하는데, 그걸 나누어 짊어지라는 게 성자의 권유다. 그러면 그들은 당신을 추종하리라.

적선하라, 구걸하게끔 하라. 적선(積善), 선을 쌓는다? 잠시 말장난 좀 해보자. 적선하는 자는 부자가 아니다. 왜냐? 부자는 굳이 적선할 필요가 없다. 넘치도록 충만한 자가 구태여 선을 찔끔찔끔 쌓을 까닭이 무언가. 따라서 적선은 가난한 자가 조금씩 아끼고 떼어서 쌓는 것이다. 빈곤한 자의 자기축적, 천당 가기 위한 투자. 차라투스트라가 굳이 적선을 거부하고 선물을 택한 것은 그가 굉장한 부자이기 때문이리라.

적선은 사람들이 원하는 것을 줄 때만 성립된다. 세상 사람들이 원하는 건 뭔가? 뻔하지 않은가. 성자는 지금 진심으로 차라투스트라에게 충고하고 있다. 사람들이 원하는 것을 줘라, 그러면 사람들은 너에게 구걸할 것이다, 계속 매달릴 것이다. 그러면 너는 영원히 칭송받으며 살 수 있다. 그런데 너는 지금 사람들이 원하지 않는 것을, 불덩이를, 진짜 생명을 주려 하고 있잖은가. 사람들은 너를 견디지 못해 내쫓거나 죽일 것이다. 예수를 봐라. 왜 그런 짓을 하려는가.

역시 차라투스트라다운 대답.

"아니다. 나는 적선은 하지 않는다. 그럴 만큼 내가 가난한 것도 아니다."

차라투스트라는 실로 넘치는 충만함을 간직한 자다. 그 넘치는 것을 그저 나누고자 할 뿐이다. 무엇으로 넘치는가? 생명의 넘침이다. 생명은 하나가 아니다. 그것은 지속적으로 새로워진다. 단, 지금의 생명에 만족하지 않는다면. 그렇게 비우고 채우고 비우고 채우는 과정의 연속이 생명이다. 그 넘치는 것을 나누면 그만이다.

성자는 이런 차라투스트라가 안쓰럽기 짝이 없다. 사람들이 널 얼마나 의심할 건지 안 봐도 빤하다는 거다. 그래서 울부짖는다.

"차라리 짐승들에게나 갈 노릇이다! 그대는 왜 나처럼 많은 곰 가운데 한 마리의 곰이 되려고 하지 않으며 많은 새 가운데 한 마리의 새가 되려고 하지 않는가?"

곰이나 새는 배신하지 않는데, 그들을 먹여주는 자들에게 진심으로 복종하는데, 왜 배신을 일삼는 인간에게 가려고 하는가.
이 성자가 숲속에서 하는 일은 무언가?

"나는 노래를 짓고 노래를 부르지. 그리고 노래를 지을 때, 웃고 울고 중얼거리지. 나는 이렇게 신을 찬양하고 있다."

완전한 자아도취다. 그는 자기가 만든 신에 취해 있다. 진짜 취한 것은 다름 아닌 자신이다. 혼자서 신을 찬양하고 웃고 울고 중얼거리는 거다. 이처럼 모든 신앙은 자기만족일 뿐이다. 교리는? 예배는? 이 만족에 확신을 주는 형식이다. 이것으로 자기만족에 객관성을 부여하고자 한다. 그러나 본디 구원은 개인의 구원인고로 종교는 일개인의 만족에 기초하고 있다. 그러면 전도는? 새로운 신도를 확보함으로써 자기 종교, 자기 믿음에 더 많은 확신을 부여하려는 것이다.

"신은 죽었다"

성자는 차라투스트라에게 "우리에게 무엇을 선물로 가져왔는가?"라고 묻는다. 차라투스트라의 대답.

"그대에게 줄 무엇이 내게 있겠는가! 나로 하여금 서둘러 나의 길을 가도록 하라. 내가 그대에게서 아무것도 빼앗지 못하도록!"

차라투스트라의 선물은 무엇인가? 자기 삶의 주관자는 전적으로 자기 자신이라는 것, 그러므로 외부적인 요소에 자신을 얽매는 짓거릴랑 집어치우라는 메시지다. 이 선물을 신에 종속된 자인 성자에게 나눠줄 필요가 있을까? 그러니 성자여, 그대는 그대의 신을 계속 섬기도록 하라. 나를 설득하려 들지 말고, 내게서 선물을 구하지도 말라. 내 선물은 네게서 신을 빼앗는 것뿐이다.

이렇게 하여 두 사람은 웃으면서 헤어졌다. 마치 웃고 있는 두 사내아이처럼.

웃으면서? 그렇다. 둘은 서로가 무슨 말을 하려는 건지 잘 안다. 그리고 서로의 대화가 언제까지나 평행선을 그을 것이란 사실도. 그러니 계속되는 대화는 시간 낭비일 뿐이다. 이럴 때는 어떻게 해야 하나? 그저 '철학적 웃음'을 보여줄 뿐이다. 이 웃음을 배워야 한다. 억지로 설득하려고 들면 언제나 폭력으로 이어진다. 그렇게 상대방의 신앙과 확신을 들어주는 선에서 그쳐야 한다.

이 점에서는 성자에게서도 배울 것이 있다. 그는 '그의 신'을 '모두의 신'이게끔 하지 않는다. 그저 그의 신, 그의 신앙을 설명하고 보일 뿐이다. 무릇 신앙인은 이래야 한다. 모든 신앙은 궁극적으로 자기 자신, 자기 신체를 위함이 아니던가!

차라투스트라 역시 마찬가지다. 그의 진리는 모두가 똑같이 갖춰야 할 그 무엇이 아니다. 그가 바라는 것은 궁극적으로 모든 개인이 스스로의 창조자가 되는 것, 그리하여 모든 개인이 자유로워지는 것 아닌가. 다양성의 세계, 차이가 공존하는 세계! 그런 세상을 만들고자 하는 자가 상대방을 억지로 자기 논리에 끼워 맞추려 해서는 안 된다. 할 만큼 했으면 이제는 침묵하고 상대방이 갈 길을 가도록 내버려두는 것이 예의다.

언제나 폭력은 '동일화' 추구에서 나온다. 자신의 진리만을 유일한 진리로 여김으로써 다른 이의 진리를 폭력적으로라도 배제하고 지배하려는 발상. 〈카라마조프 가의 형제들〉의 한 구절.

"언젠가 천상의 지혜가 온 세상을 지배하는 날이 올 것이다."

영원히 이런 날이 오지 않기를, 아멘!
홀로 남게 된 차라투스트라는 마음속으로 말했다.

"어찌 이런 일이 있을 수 있단 말인가! 이 늙은 성자는 그의
숲속에서 신이 죽었다는 사실을 아직도 듣지 못했다는 말인가!"

숲은 온갖 만물이 자연스레 나고 살고 죽고 또 나고 살
고 죽는 영원회귀의 공간이다. 그 자체로 이미 신적인 대지
의 영원성, 영원한 창조가 일어나는 곳이다. 대지의 신성성
을 늘 보면서도 어찌 성자는 신을 찾는단 말인가. 그렇다면,
그는 숲속에서마저 허구적 신을 갈망하는 가련한 존재가
아닌가.

성자는 인간들에 실망하여 숲으로 왔다고 말했다. 그
런데 이제 숲에서마저 신을 추구하고 있다. 그렇다면, 그의
숲은 더 이상 '그의 숲'이 아니다. 그가 있는 어느 곳도 결
코 '그의 곳'이 될 수 없다. 그는 대지를 벗어나 신만을 향
하고 있다.

왜 신이 죽었다는 사실을 '듣지' 못했다고 했을까, '보

지' 못했다가 맞을 것 같은데. 대지가 말을 한다, 내가 곧 신이라고, 네가 믿는 신은 허상일 뿐이라고. 그러나 대지와 단절된 육체인 성자는 그 소리를 듣지 못한다. 그는 자기 최면에서 터져 나오는 영원히 똑같은 말, 영원한 신에 갇혔다.

신을 살리면 대지가 죽는다. 대지를 살리면 신은 죽는다. 대지를 살렸다. 그러자 신은 죽었다!

3. 실패한 설교

첫 설교다. 그 결과는 참담한 실패다. 그렇지만, 여기서 우리는 앞으로 차라투스트라가 지속적으로 말할 것의 진수를 맛볼 수 있다. 그러니 꼼꼼히 살펴봐야 한다.

예수와 차라투스트라의 공통점

"나는 너희들에게 위버멘쉬를 가르치노라. 사람은 극복되어야 할 그 무엇이다. 너희들은 너희 자신을 극복하기 위해 무엇을 했는가?"

예수가 세상을 향해 내뱉은 첫마디는 "회개하라, 천국이 가까웠느니라"다. 지금까지의 해석에 따르면, 이 말은 지상을 포기하고 천국에 자신을 내맡기는 나약한 삶, 노예의 삶을 강요하는 말로 새길 수도 있다. 그러나 나는 차라투스트라의 첫마디와 예수의 첫마디는 똑같다고 본다.

회개란 무엇인가? 그것은 '죄 용서를 구함'이다. 죄 용서는 어떻게 구할 수 있는가? 자신을 완전히 비워야 한다. 용서를 구하는 자가 어찌 자신을 주장할 수 있겠는가. 니체식으로라면, '몰락'이다. 그렇게 몰락한 자, 스스로를 경멸하는 자에게 다가오는 것이 바로 천국이다. 그득 참이다. 텅 빈 마음속에 그득그득 차는 만물들, 이웃들, 그들과 관계 맺기, 이것이 천국이다. 예수는 한 번도 지상을 부정하고 천상을 내세운 적이 없다. 기독교가, 사제들이 예수를 왜곡했다. 예수의 진면목을 제대로 본 사람은 도스토예프스키이다. 그가 〈카라마조프 가의 형제들〉 "대심문관*" 편에서 드러낸 예수야말로 진짜 예수다.*

차라투스트라의 첫 일성은 사람은 극복되어야 할 그 무엇이라는 것이다. 이 말은 다시 쪼개야 한다. '극복되어야' '할', '그 무엇'. '극복되다'는 수동태다. 그런데 극복되어야 '할'이면 필연적으로 그렇게 되어야 한다는 말이 된다. 이것은 어떤 것에 머물러 있지 않은 존재, 극복됨으로써만 진실로 인간일 수 있음에 대한 언급이다. 극복되는 존재로서의 인간은 기존의, 지금의 인간이다. 그럼 극복하는 것은 누군가? 그것도 인간 자신이다. 극복됨과 극복함의 동시성,

이어짐, 곧 과정이다. 여기서 극복됨은 '몰락'이고 극복함은 '생성'이다. 이로써 몰락과 생성은 동시에 전개된다. 이렇게 극복되고 극복하는 존재인 인간은, 그래서 '그 무엇'이다. 무엇이라고 고정시킬 수 없는, 고정시키는 순간 이미 송장이고 마는 존재.

한 가지만 더. '위버멘쉬'가 여기서 처음 나왔다. übermensch는 영어로는 overman이다. 이것을 흔히들 '超人'으로 번역하는데, 우리말 초인은 '슈퍼맨' 같은 뉘앙스를 풍긴다. 그것은 이미 완성된 존재 같다. 위버멘쉬는 완성태가 아니다. 그것은 늘 '넘어서는 존재'다. 따라서 위버멘쉬의 '상(像)'은 없다. 항상적인 가능성이요, 지속적인 넘어섬일 뿐.

＊ "대심문관" 편에서 예수는 인간에게 자유를 주는 자다. 그런데 인간은 이 자유를 견디지 못한 채 자유를 반납하고 그들에게 빵을 주는 자, 기적을 보여주는 자, 그리하여 그들을 지배하려는 자에게 복종한다. 그렇게 지배하는 자가 바로 사제요, 교회다. 오늘날 같으면 다른 무엇이겠고… 아무튼 도스토예프스키는 예수를 천상을 무기로 지상을 부정하려 한 자로 보지 않는다. 거꾸로 지상을 긍정하고 지상 속에서 자유를 누리는 자들이 스스로 만드는 천국의 상을 제시하려 했던 위인으로 보고 있다.

짐승과 위버멘쉬 사이

"사람에게 원숭이는 무엇인가? 일종의 웃음거리 아니면 일종의 견디기 힘든 부끄러움이 아닌가. 위버멘쉬에 대해서는 사람이 그렇다. 일종의 웃음거리 또는 일종의 견디기 힘든 부끄러움일 뿐이다."

얼핏 읽으면 '사람:원숭이=위버멘쉬:사람'의 도식 같다. 마치 위버멘쉬는 사람보다 우위에 선 존재, 따라서 사람을 초월한 존재인 것처럼 보인다. 이런 발상은 니체의 발상에 어긋난다. 그는 늘 과정을 강조한 자 아닌가. 그런 그가 위버멘쉬를 이렇게 고정시킬 리 없지 않은가.

원숭이란 동물이 아니라, 주면 주는 대로 받아먹고 그저 주어진 삶에 굴복하는 짐승과 같은 성향으로 새기는 게 좋겠다. 따라서 이 말은 원숭이와 사람 사이에 걸친 밧줄 위에서 줄타기하는 존재로서의 인간을 이야기함이다. 짐승 상태로 전락할 위험을 늘 안고 있는 존재로서의 인간을 보이고자 함이다. 위버멘쉬와 인간도 단순 대비가 아니다. 그것 역시 인간과 위버멘쉬 사이에 걸쳐진 밧줄 위에 놓인 인간의 처지를 말하고자 함이다. 이것은 위버멘쉬의 가능성을 지닌 인간, 그러나 언제라도 인간으로 되돌아올 위험을 동시에 안고 있는 인간 존재를 이야기함이다. 사이 공간!

이제 이 둘을 합쳐보자. 그러면 위버멘쉬와 짐승 사이에 놓인 밧줄이 보인다. 이 밧줄이 바로 인간이다. '사이 공간'에 놓인 '사이 존재'. 밧줄 위에서 위버멘쉬로 갈 것인가, 짐승이 될 것인가의 가능성과 위험을 줄타기하는 존재. 과정으로서의 존재. 고정시킬 수 없는 존재.

대지성

"위버멘쉬가 대지의 뜻이다. 너희들의 의지로 하여금 말하도록 하라. 위버멘쉬가 이 대지의 뜻이 되어야 한다고!"

지속적인 몰락과 생성-위버멘쉬, 이것이야말로 대지성을 담고 있다. 천상의 것은 완성이요, 궁극이다. 고정불변의 것이다. 대지는 늘 변한다. 따라서 위버멘쉬야말로 대지의 뜻이 되어야 하는 것이다.

여기서 한 가지 주목할 점은 "너희들의 의지로 하여금 말하도록 하라"다. 이때 의지는 무언가? 힘을 향한, 힘을 발휘하려는 의지! 지속적인 도발과 파괴, 따라서 새로운 생성을 낳고자 하는 욕망! 말하는 것은 입이 아니라 의지다. 솟구치는 내면의 힘, 그 의지로 하여금 마음껏 떠들도록, 활약하도록 하라. 억압하지 말고, 그렇게 터져 나오는 내면의 에너지를 스스로 짓누르지 말라.

"나의 형제들이여, 맹세코 이 대지에 충실하라. 하늘나라에 대한 희망을 설교하는 자들을 믿지 말라! 그들은 그들 스스로가 알고 있든 모르고 있든 간에 독을 타 사람들에게 화를 입히는 자들이다. 그들은 생명을 경멸하는 자들이요, 소멸해가고 있는 자들이며 독에 중독된 자들로서 이 대지는 이런 자들에 지쳐 있다. 그러니 하늘나라로 떠나도록 그들을 버려두어라!"

하늘나라에 대한 희망을 설교하는 자들, 그들은 몸을, 대지를 거부하는 자들이다.

"모든 육체는 풀과 같고 그 모든 영광이 풀의 꽃과 같으니, 풀은 마르고 꽃은 떨어지되 오직 주의 말씀은 세세토록 있도다."

—베드로전서 1장 24, 25절

그들은 독을 뿌린다. 독? 그것은 머물러 있게 하고 나약하게 하고 몽롱하게 하고 고통을 회피하게 한다. 양귀비 꽃과 같은 것!

"오, 그러나 메말라 있고, 추하며 허기져 있는 것은 바로 영혼 그 자체였다. 잔혹함, 바로 그것이 이러한 영혼이 누린 쾌락이었으니!"

영혼을 높이는 이유는, 그것이야말로 천국에 오를 유일한 길이기 때문이다. 무거운 육체는 결코 하늘로 오르지 못한다. 이렇게 영혼을 높이면 육체는, 육체에서 나오는 욕망은 이제 억제되어야 한다. 금욕주의! 영혼은 육체를 잔혹하게 경멸한다. 그것은 굶주려 있다. 육체의 피에, 육체의 학대에, 신음에. 영혼은 육체의 고통과 억압이 심하면 심할수록 만족한다. 그래야 가벼워진 육체에서 벗어나 천상으로 갈 수 있으므로.

광활함, 무한함, 침몰과 솟구침의 장―대지와 몸

"참으로 사람은 더러운 강물과도 같다. 더럽혀지지 않은 채 더러운 강물을 모두 받아들이려면 사람은 먼저 바다가 되어야 하리라. 보라. 나는 너희들에게 위버멘쉬를 가르치노라. 이 위버멘쉬가 바로 너희들의 크나큰 경멸이 그 속에 가라앉아 몰락할 수 있는 그런 바다다."

바다는 곧 대지다. 광활함이다. 무한한 가능성이다. 혼돈이다. 이 광활함을 수용하는 자야말로 모든 더러움을 포용할 수 있는 자다. 우리들의 크나큰 경멸, 즉 노예적인 삶, 천박함에 대한 경멸은 바로 이 대지의 무한성으로의 몰락이다.

대지가 몸과 통한다는 것은 대지의 무한성과 마찬가지로 몸 역시 무한하기 때문이다. 몸의 무한성은 내면에서 솟구치는 욕망의 무한성, 복수성(複數性)을 일컬음이다. 변화를 긍정하는 자에게 무한성은 영원한 생성, 영원한 가능성이 된다. 반대로 변화를 견디지 못하는 자에게 무한성은 '예측 불허', 곧 '허무'가 된다. 그래서 그들은 영원불변의 그 무언가를 갈망하는 것이다.

대지를 깨닫는 자, 대지를 느끼는 자, 그 자신 이미 대지인 자는 몰락을 결코 두려워하지 않는다. 몰락과 생성은 다름 아닌 대지의 원리인고로. 그러나 대지를 부정하는 자는 몰락을 두려워한다. 몰락은 곧바로 지옥을 의미하므로. 그는 언제나 굶주린 영혼의 사업에만 몰두한다. 늘 그러한 삶.

십자가, 인간에 대한 영원한 경멸

이하에서 차라투스트라는 '더없이 위대한 것'에 대해 열거한다. 그 모든 열거를 관통하는 것은 하나, '위대한 경멸'이다. 즉 일상에, 기존의 것에 안주하는 것에 대한 경멸, 경계. 이 가운데 특기할 만한 것은 "나의 연민이란 것이 무엇이더냐! 연민이란 사람을 사랑한 그가 못 박혀 죽은 바로 그 십자가가 아닌가? 그러나 나의 연민은 결코 십자가형이 아니다"라는 대목이다.

앞서 보았듯 차라투스트라는 짐을 대신 짊어지는 자가 아니다. 새로운 짐을 더하는 자다. 반면, 연민이란 타인의 짐을 대신 떠맡고 자신을 희생하여 대속(代贖)함이다. 한없는 사랑을 느낄 법도 하건만, 차라투스트라는 거부한다. 왜? 대신 십자가를 진 자는 이제 영원히 모든 자의 신이 되었고, 삶의 유일한 목표가 되었다. 그들은 십자가를 처다봄으로써 구원받을 수 있게 되었다고 그에게 감사하고 있다. 고통을 회피하는 자들, 노예들. 그들이 십자가에 노예의 의미를 부여했다.

그러나 진실로 창조하는 자는 고통을 회피하지 않는다. 기꺼이 그 고통을 받아들인다. 왜냐? 그 고통, 짐이야말로 그가 낙타에서 사자로, 마침내는 어린아이로 나아가는 과정이기 때문이다.(제1부의 "세 단계 변신에 대하여" 참고) 그는 기꺼이 짐을 짊으로써 스스로 그 짐을 벗어던질 기회를 포착하는 자다. 예수는 그 기회, 즉 인간 스스로 자신의 창조자가 될 길을 가로막았다. 바로 연민의 정이! 그리하여 그는 인간을 영원히 그의 노예로 만들었다(고 니체는 해석한다). 이처럼 연민은 상호 주체성을 박탈하고 사람들로 하여금 영원한 약자가 되게끔 하는 것이다. 따라서 연민은 가장 비인간적인 행위다. 사랑이니, 봉사니 하는 것들도 마찬가지다. 진정한 사랑, 진정한 봉사, 진정한 연민은 무언가? 그로 하여금 스스로 자기 십자가를 지게 하는 것이다. 이윽고는 스스로 그 십자가를 벗어던질 수 있도록.

　　사족(蛇足). 예수가 십자가에서 남긴 "주여 저들을 용
서하옵소서. 저들은 저들이 무슨 짓을 하는지 알지 못하나
이다"라는 유명한 말 역시 용서하는 자의 우월성을 깔고 있
다고 오쇼 라즈니쉬는 해석한다. 베푸는 자, 용서하는 자,
사랑하는 자의 우월성은 상대방을 영원한 열등자로 삼는다.

4. 짐승과 위버멘쉬 사이를 잇는 밧줄－인간

밧줄—'과정－존재'—인간

　　"사람은 짐승과 위버멘쉬 사이를 잇는 밧줄, 하나의 심연 위
에 걸쳐 있는 하나의 밧줄이다. 저편으로 건너가는 것도 위험하고,
건너가는 과정, 뒤돌아보는 것, 벌벌 떨고 있는 것도 위험하며 멈
춰 서 있는 것도 위험하다."

　　〈차라투스트라〉에서 가장 유명한 구절이다. 사람은 어
떤 고정된 존재, 규정할 수 있는 존재가 아니라는 것. 이를
테면, '사람은 이성적 동물'이라든지, '문화적 존재'라든지,
'본성은 선하다'든지 '악하다'든지, 하는 규정들을 거부함
이다. 인간은 영원히 '그 무엇'일 뿐이며, 현재진행형으로서

의 존재일 뿐이다.

'존재와 생성의 이분법', 이것이 니체가 깨뜨리고 싶었던 것이다. 이때 '존재'라 함은 고정된 것, 완성된 것, 영원불변한 것이다. 그러나 그런 것은 없다. 따라서 인간은 '존재'가 아니다. 굳이 존재란 말을 붙이고 싶으면, 그것은 '지금-여기'의 존재일 뿐이다. '지금-여기'의 존재는 어제의 존재와 다르고, 내일의 존재와도 다르다. 따라서 '과정-존재'라고 해야 맞다.

'과정-존재'라고 했을 때, 인간에게는 어떤 목적이랄 것이 없다. 그저 지속적으로 생성, 변화하고 있는 존재일 뿐. 여기서 이 생성, 변화를 긍정하는 자와 부정하는 자의 삶의 차이가 나온다. 긍정하는 자는 '적극적으로 자기를 살려' 한다. 부정하는 자는 '적극적으로 자기를 죽이려' 한다. 변화하는 몸을 죽이고 불변하는 '존재'를 지향함이다. 이것이 바로 니체가 그토록 경멸했던 노예의 삶이다.

'짐승과 위버멘쉬 사이를 잇는 밧줄'로서의 인간이라 함은 변화, 생성을 긍정하는 데로 나아가는 경로를 설명하기 위한 장치다. 짐승은 변화, 생성을 부정하고 영원한 존재에 자신을 전적으로 내맡기는 자다. 위버멘쉬는 변화, 생성을 긍정하고, 나아가 적극적으로 자신을 스스로 생성하고자 하는 자다.

이렇게 건너가는 과정은 한마디로 위험하다. '위험과

가능성의 공존.' 위험이란 언제라도 떨어질 가능성을 말한다. 멈칫거리는 것, 뒤돌아보는 것은 '모험의 공포'다. 영원한 진리라고 믿어왔던 것에서 벗어나 스스로 밧줄에 몸을 내맡기는 자는 자칫 후회하게 마련이다. 그러나 그렇게 후회하는 순간, 떨어진다. 시장터로, 시장터의 파리 떼, 곧 군중들로. 떨어짐은 곧 원래 있던 자리로 되돌아옴이고, 영원한 노예적 삶으로의 전락이다. 니체는 이를 '송장'이라고 한다.(머리말)

유일한 길은 '나섰으면 끝까지 나아감'뿐이다. 그렇게 늘 밧줄을 타면서 전진하는 것, 이것이 위버멘쉬의 삶이다. 유희, 춤, 나비, 비눗방울처럼 나풀거리는 자유의 경지. 밧줄 위는 이토록 위험하지만, 늘 새로움이 기다리는 자유의 공간이기도 하다. 물론, 그 끝은 없다. 있는 것은 '도중(道中)'뿐이다. 그 도중을 즐길 줄 아는 것, 이것이 바로 위버멘쉬다.

과정='몰락-솟구침'

"사람에게 위대한 것이 있다면 그것은 그가 목적이 아니라 하나의 교량이라는 점이다. 사람에게 사랑받아 마땅한 것이 있다면, 그가 하나의 과정이요 몰락이라는 점이다."

'과정-존재'로서의 생을 살려는 자는 지속적으로 몰락을 경험해야 한다. 아니, 기꺼이 몰락하는 자다. 몰락이 뭔가? 자기경멸이다. 지금에 안주하려는 자기, 영원한 존재에 의탁하려는 자기를 경멸하고 기꺼이 몰락시킴으로써 새로운 솟구침으로, 생성으로 나아가는 것, 그것이 바로 '과정-존재'의 적극적 긍정이다.

이하에서는 이 몰락, '위대한 경멸자'에 대한 차라투스트라의 사랑이 나온다.

그는 '저편으로 건너가고 있는 자'다. 그렇다. '가고 있는' 자다. 이미 건너간 자가 아니다. 그렇게 가고 있는 자만이 늘 자신을 경멸하는 자이므로.

그는 '위대한 숭배자'요, '저편의 물가를 향한 동경의 화살'이다. 무엇을 숭배하는가? '저편'을 숭배한다. '저편?' 그렇다. 그것은 '지금-여기'에 안주하지 않음이다. 주어진 어떤 것도 거부하지만 무언지 모를, 다가올 새로움은 숭배한다. 주어진 것을 숭배하면 새로운 것을 숭배하지 못한다.

그는 언젠가 이 대지가 위버멘쉬의 것이 되도록 '이 대지에 헌신하는 자'다. 저 멀리 별들 뒤편을 추구하는 자가 아니라, 그 모든 별들이 곧 대지와 이어져 있음을 깨달은 알료샤와 같은 위대한 동경자들이다.

그는 '사물의 이치를 터득하려는 자'다. 사물의 이치는 실로 간단하다. '늘 변한다'는 것이다. "諸行無常*", "名可

名非常名*"이다. 그러나 니체는 그저 변한다는 사실을 직시하는 선에서 그치지 않는다. 그렇게 변하는 것에 적극적으로 의미를 부여하면서 '자기 세상'을 살려는 자다. 이로써 위버멘쉬의 삶은 우주와 더불어 노니는 삶, "天地與我爲一*"의 삶이다.

그는 '위버멘쉬가 머무를 집을 짓고, 그를 위해 대지와 짐승과 초목을 마련하는, 그렇게 하기 위해 수고를 아끼지 않으며 뭔가를 만들어내는 자'다. 위버멘쉬는 위버멘쉬를 준비한다. 위버멘쉬가 머무를 집, 오두막은 완성의 곳, 쉼터가 아니다. 스쳐지나가는 곳이다. 잠시 머물렀다가 이윽고 다시 자신의 길로 나서는 중간 휴게소와 같다. 이렇게 위버멘쉬는 위버멘쉬를 대비하고 위버멘쉬를 찾아 나선다. '자유로운 개성인들이 자발적으로 연대하여 만들어가는 공동체'의 이상이 보이지 않는가! 그는 늘 뭔가를 만들어낸다. 무엇을? 세계를, 자기를. 그는 그의 창조자요, 그의 세계의 창조자다. 위대한 창조자들의 어우러짐!

그는 '자신의 덕을 사랑하는 자'다. 그렇다. '자신의 덕'이다. '나의 덕'이다. 기존의 덕, 세상의 덕, 영원불변의 덕이 아니다. 여기서 우리는 '절대적 진리'에 대한 거부와 '상대적 진리'에 대한 용인을 본다. 이런 발상은 '나의 덕'이 유일한 덕이라는 고집을 거부한다. 그러나 그렇다고 해서 '나의 덕'을 하찮게 여기는 허무주의로 빠지지도 않는다.

그는 '나의 덕'이 진정한 덕인지 어떤지 삶을 통해 지속적으로 확인하려 한다. '나의 덕'은 그렇게 몰락과 생성을 반복하는 위대한 징검다리로서의 덕이다. 도중(道中)!!

그는 '한 방울의 정신조차도 자신을 위해 남겨두지 않고 전적으로 자신의 덕의 정신이 되고자 하는 자'다. 여기서 정신이란 안주하는 정신이 아니다. 다리를 건너고 있는 의지요, 힘이다. 그 의지와 힘은 전적으로 자신의 덕의 토대가 된다.

그는 '그 자신의 덕에서 자신의 취향과 숙명을 만들어내는 자'다. 자신의 운명을 전적으로 긍정하는 자-운명애(運命愛. Amor Fati)! 나의 취향과 나의 숙명은 전적으로 나의 덕이 빚어낸다. 그러므로 누구도 대신할 수 없다. 그러므로 그는 스스로 만든 운명을 기꺼이 받아들이고, 그렇게 지속적으로 운명을 만들어간다. 다만 그렇게 살 뿐이다. 그는 자신의 덕을 위해 죽고 산다. 몰락과 생성. "죽고 되어라!"—괴테.

그는 '너무 많은 덕을 소망하지 않는 자'다. 그 덕은 영원한 과정이다. 따라서 과거의 덕(이미 몰락함으로써 버린 덕)이 변한 것이요, 또 새로운 덕으로 나아가는 매개로서의 덕이다. 그러나 여기서 필연적 인과율을 떠올리진 말지어다. 그것은 내면에서 솟구치는 새로움에 의해 새로이 형성되는 것이지, 필연적 인과율에 따라 규정된 것이 아니다. 다만 숙명을 결합하는 큰 매듭일 뿐. 이렇게 위버멘쉬는 순간을 산다. 그리고 그 순간순간들은 몰락과 생성의 반복이다. 그 반복을 통해 전혀 새로운 것들이 나오고.

그는 '스스로를 낭비하는 그런 영혼을 갖고 있는 자'요, '누군가가 그에게 고마워하기를 바라지 않고, 그 고마움을 되갚지도 않는 자'다. '선사할 뿐인 자.' 스스로를 낭비한다? 그렇다, 이렇게 스스로를 한 방울도 남김없이 낭비하는 자라야 그 비움을 그득 채울 수 있는 자다. '마음이 가난한 자', 그 빈자리에 천국을 채운다. 그의 낭비는 이웃을 향한다. 그저 선사만 할 뿐이다. 삶을 보여줌으로써. 그러나 선사하는 것 자체가 그의 숙명이므로, 그에게는 무언가를 준다는 의식이 없다. 연민의 정이 아니므로 되돌아올 무엇은 기대조차 않는다. 그러니 보상이니 배신이니 하는 의식이 아예 있을 리 없다.

그는 '주사위 놀이에서 행운을 잡았을 때 부끄러워 어쩔 줄 몰라 하면서 "나는 사기 도박사가 아닌가?" 하고 반문하는 자'다. 그는 우연한 행운에 만족하지 않는다. 오히려 노력 없이 얻은 행운에 부끄러워 어쩔 줄 몰라 한다. 그것은 자기 삶이 아니기 때문이다. 따지고 보면 우리가 누리는 행, 불행은 모두 우연히 얻은 것일 뿐이다. 차라리 자신이 초래한 고통, 불행이 떳떳하지 않은가!

그는 '행동하기에 앞서 황금과 같은 말을 던지고 언제

나 자신이 약속한 것 이상을 해내는 자'다. '황금?' 그것은 스스로 빛난다. 외부적 요인에 의해 규정되는 삶이 아니라, 스스로 빛나는 삶이다. '황금과 같은 말?' 자신의 행동의 원인이 다름 아닌 자신임을 분명히 함이다. '약속한 것 이상을 해낸다' 함은 어떤 목적의 달성에 안주하지 않음이다. 그 목적 달성을 뛰어 넘어, 아니 그 목적 자체를 거부하고 새로운 목적으로 뛰쳐나감이다.

그는 '앞으로 다가올 세대를 옹호하여 환영하고 지난날의 세대를 그 과거에서 구제해내는 자'다. 이를 단순하게 미래의 세대를 위한다는 식으로 해석하지는 말자. '다가올 세대'라 함은 위버멘쉬에 대한 동경을 뜻한다. 그는 다가올 자, 내가 만들 자를 옹호하고 환영하여 그리로 나아가는 자다. '지난날의 세대'라 함은 그의 과거다. 그는 과거에 머물지 않는 자요, 거기서 뛰쳐나오는 자다. 고로 위버멘쉬는 과거와 미래를 잇는 밧줄이기도 하다.

그는 '자신의 신을 사랑하여 그 신을 벌하는 자'다. 절대 불변의 신을 사랑하는 자가 아니다. 그 신은 내가 사랑할 필요가 없다. 스스로 그러하므로. 따라서 신은 오직 '자신의 신'뿐이다. 또한 그 자신의 신은 지금-여기의 신이다. 그러나 지금-여기의 신에 머물지 말라. 그렇게 머무는 순간, 그 신은 거꾸로 나를 지배한다. 나는 또다시 종속된 노예의 삶으로 전락하고 만다. 그러므로 자신의 신을 사랑하는 자는 언제나 새로운 신을 만든다. 그 새로운 신은 지금의 신을 벌한다. 이렇게 그는 지속적으로 신을 만들어가는 자다.

그는 '상처를 입고도 영혼이 심오하며, 하찮은 사건으로도 파멸할 수 있는 자'다. '상처'를 입었다고 좌절하지도 않는다. 상처야말로 새로운 생성을 향한 밑거름일진대. 그런 자는 하찮은 사건, 즉 아무리 작은 계기를 통해서라도 기꺼이 몰락한다. 이렇게 아주 작은 계기로도 몰락하는 자라야만 영원히 순간을 살 수 있다. 이렇게 순간에서 순간으로의 기리를 좁혀야만 밧줄을 쉼 없이 건널 수 있다.

그는 '자신을 잊고 자신 속에 만물을 간직할 만큼 넘쳐 흐르는 영혼을 지닌 자'다. '자신을 잊는다' 함은 '존재'로서의 자신을 거부한다는 말이다. 존재로서의 자신을 마음에 채우는 자는 결코 만물을 채우지 못한다. 영원한 자기라는 것, 그 단 한 가지를 버림으로써 만물을 채우자는 말이다. 이런 자에게 '만물은 그의 멸망이 된다'. 그는 만물 속에서 몰락한다. 그리고 만물 속에서 솟구친다.

그는 '자유로운 정신과 자유로운 심장을 갖고 있는 자'다. 그의 '머리는 심장에 있는 내장'이다. 머리가 심장에 있는 내장이라고? 그렇다. 머리와 몸을 구분하지 말라. 그렇게 머리와 몸을 구분하는 것은 몸에서 머리를 떼어내어 그 머리를 지상에서 천상으로 향하게 하는 것이고, 결국 몸을 부정하고 삶을 부정하는 데로 떠민다. 정신의 근원은 육체다.

아니, 정신이란 것 자체가 육체에서 나온 육체의 일부다. 정신은 육체의 요구에 응하는 것이고, 따라서 육체의 도구에 불과하다. 그러므로 자유로운 정신은 몸에 충실할 때만 가능하다. 몸의 무한한 욕구들, 그 힘들의 충돌(관계 맺기)의 결과가 바로 정신이다.

그는 '사람들 위에 걸쳐 있는 먹구름에서 한 방울 한 방울 떨어지는 무거운 빗방울과 같은 자'다. '번갯불이 곧 닥칠 것임을 알리며 그것을 예고하는 자'다. 빗방울은 '번갯불'을 예고한다. 위버멘쉬는 위버멘쉬를 예고한다. 그 자신이 자신을 예고한다. 번갯불은 순식간 나에게 나타난다. 그렇게 나타나는 번갯불을 붙들어야 한다. 그러기 위해서 낡은 것을 비우는 것이다. 헐거워지기. 헐거워져야만 순간적으로 나타나는 번갯불을 포획할 수 있다. "늘 깨어 있으라"는 예수의 말은, 자지 말라는 게 아니라 엉뚱한 것에 빠져들지 말라는 말씀이다. 잠들면 순식간에 나타나는 나의 운명, 나의 천국을 놓친다. 그렇게 붙잡은 번갯불이 영원한 생명을 보장한다. 순간의 영원성.

끝으로 차라투스트라는 그 자신이 빗방울, 즉 번갯불의 예언자임을 선언한다. 다시 말하지만, 위버멘쉬는 완성태가 아니다. 언제나 위버멘쉬로서의 과정을 살고 있으며, 또 다른 위버멘쉬를 예고하는 자다. 영원한 위버멘쉬를 향한 삶, 과정, 도중, 이것이 바로 위버멘쉬의 삶이다.

* 제행무상: 이 세상 모든 것은 변화한다.—열반경

* (道可道非常道) 명가명비상명: (도라고 할 수 있는 도는 항상 그러한 도가 아니요,) 이름 붙일 수 있는 이름은 늘 그러한 이름이 아니다.—노자.

* (天地與我竝生) 천지여아위일: (천지와 나는 함께 태어났으며) 만물과 나는 하나가 된다.—장자.

5. 최후의 인간–'멋진 신세계'

교육–세계의 언어화, 고정시키기

차라투스트라는 최초의 설교를 마쳤을 때, 그의 실패를 느낀다. 사람들은 차라투스트라의 말, 특히 '경멸'이라는 말을 듣기 싫어했기 때문이다. 그들이 배운 경멸이란 말은 나쁜 뜻이다. 그런 나쁜 의미의 말을 가지고 좋은 뜻으로 떠들어댔으니 못 알아듣는 것은 어쩌면 당연하다.

이처럼 언어는 세계를, 세계에 대한 인간의 인식을 고정시킨다. '무지개 색깔은 일곱 가지'라든지, "물은 100℃에서 끓는다"든지 하는 것도 모두 언어로 고정시킨 세계다. 물론, 인간은 언어를 통하지 않고서는 세계를 인식할 수 없다. 무엇보다 세계를 이해하고자 하는 인간의 욕구가 언어를 통해 분출되는 것이라고 이해해야 한다. 그러나 분명히 알아야 할 것은 언어가 사물이나 사실을 고정시킨다는 점, 우리는 그런 세계를 받아들이고 있을 뿐이란 점이다. 이것을 알아야 언어에 얽매이지 않을 수 있다. 장자는 말한다.

言者所以在意得意而忘言. 吳安得夫忘言之人而與之言哉

언자소이재의득의이망언. 오안득부망언지인이여지언재

(말이란 것은 뜻을 담고 있으니 뜻을 얻으면 말은 버린다. 과연 나는 말을 버린 자와 더불어 말할 수 있을까?)

—"외물" 편

사람들은 스스로 언어가 고정시킨 세계를 받아들이고, 자라나는 세대들에게 전승한다. 일컬어 '교육'. 이렇게 볼 때 교육이란, '세계 고정시키기', 그렇게 고정시킨 세계를 잘 받아들이게 만들기다. 그렇게 알려주는 것에 질문하지 않는 아이, 군말 없이 받아들이고 잘 외우는 아이, 그것을 철석같이 진리라고 믿는 아이를 소위 '모범생'이라고 한다. 사실은 그것이 노예처럼 주어진 대로 살아가는 길이란 것도 모른 채, 그렇게 사람들은 서로서로 모범생 경쟁을 벌인다.

장자 같은 진정한 선생들은 이 사실을 잘 알고 있었다. 그래서 그들 스스로 자신의 말에 사람들이 얽매일 것을 경계했다. 예수는 '내 말은 내 말이 아니라 아버지의 말'이라고 하여 자기 말에 얽매이지 말기를 바랐다. 석가도 그랬다.

> 汝等比丘, 知我說法如筏喩者, 法尙應捨, 何況非法.
>
> 여등비구, 지아설법여벌유자, 법상응사, 하황비법.
>
> (여러분 비구들이여, 나의 설법이 뗏목의 비유와 같음을 아
> 는 사람은 법조차 마땅히 버릴지니, 하물며 법이 아님에 있
> 어서겠는가?)
>
> ─금강경 제6 정언희유(正言希有)분 중에서

노자도 "道可道非常道 名可名非常名"이라 하여 말의
한계에 대해 분명히 선을 그었다. 그러므로 말로써 뜻을 얻
었으면 마땅히 말을 버릴 일이다. 말은 사실을 인식하기 위
한 '방편(方便)'에 불과한 것이니.

아직은… 혼돈=가능성의 때

아직은 인간다운 삶, 스스로 굴러가는 바퀴로서의 삶
을 만들 수 있다고 차라투스트라는 소망한다. "토양은 아직
도 비옥하다", "토양은 아직 혼돈을 지니고 있다"고 말한다.
'토양의 비옥함'은 곧 혼돈을 말한다. 혼돈은 대지와 몸의
특징이다.

대지는 무한한 가능성을 지니고 있다. 무한한 생성들
이 얽히고설켜 지금도 무언가 새로운 것을 싹틔우고 있다.

그 무한가능성의 다른 말이 혼돈이다. 몸도 그렇다. 몸은 욕망덩어리다. 무한한 욕망들이 뒤엉켜 지속적인 생성 작용을 한다. 이 무한한 생성 속에서 매순간 강한 생성, 강한 욕망, 강한 힘이 자신을 표현한다. 그러나 그 드러남은 곧 새로운 욕망에 의해 몰락하고 새로운 생성으로 이어진다. 이것이 대지와 몸의 무한성이다. 요는 이러한 무한성을 고정시키지 않는 것이다. 차라투스트라는 이 무한 속에서 춤추는 별들을 탄생시킬 꿈을 꾸고 있는 것이다.

최후의 인간 – 더없이 경멸스러운 것

더없이 경멸스러운 최후의 인간은 '자기 자신을 더 이상 경멸할 줄 모르는 자'다. 곧 스스로 몰락할 줄 모르고 지금의 자신에 갇히는 자, 자신의 무한 창조성을 망각한 채 거꾸로 무언가 고정된 틀 속에 자신을 가두는 자다. 생성을 멈춘 자다.

차라투스트라가 묘사하는 최후의 인간을 보자.

"사랑이란 무엇인가? 창조란 무엇인가? 동경이란 무엇인가? 별이란 무엇인가?" 최후의 인간은 이렇게 묻고는 눈을 깜박인다.

사랑, 창조, 동경, 별. 이것들의 공통점은 지속적인 추구태란 점이다. 지금 없는 것, 그러므로 내가 만들어가야 할 것들. 최후의 인간은 이러한 꿈을 잃어버린 사람들이다. 왜? 그들은 이미 생성을 멈춘 자들이고 지금의 현실이 마치 최후의 완성인 것처럼 받아들인 채 그 속에 주저앉은 자들이기 때문이다. 그들의 '대지는 작아졌'다. 다시 말해서 그들은 무한한 가능성으로서의 대지를 있는 그대로 받아들이기보다는 오히려 작아진 대지, 즉 자신만의 세계, 변화도 없고 생성도 없는 세계, 질문할 필요도 없이 정답만 있는 세계에 갇힌 자들이다. '대지의 축소'(드미트리의 말―〈카라마조프가의 형제들〉)다. 이 축소된 세계에서 '모든 것을 작게 만드는 최후의 인간이 뛰어다니고 있다'. 이 종족은 벼룩과 같다. 그래서 가장 오래 산다. 죽음도, 슬픔도, 아픔도, 고통도 없는 천국인들, 이들은 기생충 아닌가!

그들은 살기 힘든 지역을 버리고 떠나갔다. 따뜻한 기운이 필요했기 때문이다. 사람들은 아직도 이웃을 사랑하며 그들의 몸에 자신의 몸을 비벼댄다. 따뜻한 기운이 필요하기 때문이다.

'살기 힘든 곳'이란, 혼돈의 곳, 가능성의 곳이다. 무거운 짐을 스스로 짊어져야 할 곳이고, 자신의 삶을 스스로 책임져야 할 곳이며, 그래서 더없이 고독한 곳이다. 최후의 인간은 이곳을 견디지 못한다. 그래서 약속의 땅을 찾아 나섰다. '천국'을 향하여 대지를 버렸다. 야만을 버리고 약속된 문명을 택했다. 그들은 아직도 이웃을 사랑한다. 그 사랑은 사실은 고독을 견디지 못하는 자의 기댐이다. 홀로 서지 못하는 자들은 그렇게 서로서로 뺨을 비비며 위로하고 위로받는다.

병에 걸리는 것과 의심을 품는 것이 그들에게는 죄스러운 것이 된다. 그리하여 그들은 조심조심 걷는다. 아직도 돌에 걸리거나 사람에 부딪혀 비틀거리는 것은 바보나 하는 짓거리가 아닌가!

올더스 헉슬리의 〈멋진 신세계〉를 보면, 미래 세계의 인간들은 아프지도 않고, 복제된 자신의 삶에 의심을 품지도 않는다. 그렇게 되는 것을 오히려 죄스럽게 여긴다. 그들의 삶에는 돌에 걸린 듯 휘청거리는 것, 타인의 존재 때문에 비틀거리는 것이 없다. 오히려 그렇게 힘들어 하고 삶에 의심을 품는 자는 따돌림 당한다. 모두가 주어진 삶을 의심하지 않고 그렇게 살다 가는 세상, 그것이 바로 지금까지 인류가 이른바 '진보'라며 꿈꿔왔던 세계다. 어떤 결핍도 없기에 더 이상 질문할 것조차 없는 세상, 그것을 진정 진보라고 할 수 있으며, 그런 세계를 사는 사람들을 진정 미래인이라고 할 수 있을까? 그건 사람들의 세상이 아니다. 주어진 프로그램에 따라 그렇게 살다 가는 것, 곧 기계인의 세상일 뿐이다. 그걸 바라며 살아가는 우리 자신이 이미 최후의 인간 아닌가!

　니체의 '최후의 인간'에 등장하는 인간 군상들을 우리는 도스토예프스키의 〈지하로부터의 수기〉에서 다시 만날 수 있다. 한 번쯤 읽어보시길….

　때때로 마시는 얼마간의 독, 그것은 단꿈을 꾸도록 한다. 그러고는 끝내 많은 독을 마심으로써 편안한 죽음에 이를 수도 있다.

　헉슬리는 틀림없이 〈차라투스트라〉를 읽었을 것이다. 〈멋진 신세계〉에 '소마'라는 독이 나온다. 슬플 때나 힘들 때 한 모금씩 마시면 다시 몽롱한 상태에서 행복을 회복하게 해주는 약이다. 심지어는 파괴 본능을 충족시키기 위한 'VSP'라는 약마저 등장한다.

　헉슬리를 벗어나서 생각해 보자. '예배'가 떠오른다. 힘든 세상살이에서 매주 한 번씩 맛보는 천국의 기쁨, 그것이 바로 독이다. 그렇게 몽롱한 상태에서 또다시 세상살이를 버틴다. 끝내 많은 독을 마심으로써, 천국의 복음을 온몸에 퍼뜨림으로써 편안히 죽는다. 전적인 내맡김, 기꺼운 복종.

　돌볼 목자는 없고 가축의 무리가 있을 뿐! 모두가 평등하기를 원하며 모두가 평등하다. 어느 누구든 자기가 특별하다고 느끼는 사람은 제 발로 정신병원으로 가게 마련이다.

모두가 똑같아진 세상, 몰개성, 획일화, 가축의 무리! 생각하는 것도 사는 모습도 똑같다. 아침 7시면 모두가 학교로, 직장으로 양 떼처럼 꾸물꾸물 기어들어간다. 그들의 생각과 꿈은 다 똑같다. 어느 누구도 자신만의 삶을 살지 않는다. 주어진 삶에만 충실할 뿐이다. 그리하여 평등 세상이다. 저 잘난 맛으로 나서는 것은 위험하다.

"옛날에는 세상이 온통 미쳐 있었다." 더없이 기품 있는 자들이 이렇게 말하고는 눈을 깜박인다.

이렇게 좋은 세상을 모르고 옛날 사람들은 짐승처럼 아이 낳고 꿈꾸고 괜히 지 목숨 바쳐가면서 쓸데없는 일하며 살았더란다. '그래에?' 눈을 깜박이는 최후의 인간의 모습이 보이지 않는가!

그러나 이 설교마저 실패한다. 사람들은 "우리에게 최후의 인간을 달라"고 외쳐댄다. 당연하다. 그들의 꿈, 희망은 바로 이런 끔찍한 '최후의 인간'인고로.

이렇게 차라투스트라의 첫 번째 설교는 실패로 끝난다. 그러나 수확이 전혀 없는 것은 아니다. 그는 깨달았다. 대중들, 염소 떼, 혹은 염소치기를 향해 떠들어봤자 쓸데없다는 것을. 염소 떼를 향한 지껄임에 동조하는 것은 염소뿐이지 않은가. 그러므로 그의 첫 번째 설교는 사실상 무익한 것이었다. 아니, 무익함을 깨닫게 해줬다는 면에서는 유익했다. 이제 그는 염소 떼 아닌 '동반자'를 찾아 나서야 한다.

6. 두 몰락

이제 한 사건이 벌어진다. 이 사건은 차라투스트라가 가르친 '위버멘쉬에 이르는 길'의 험난함을 상징하는 것이기도 하고, 차라투스트라의 설교가 왜 실패했는가를 보여주는 상징이기도 하며, 차라투스트라가 새로운 길로 나가게 하는 계기이기도 하다. 아무튼 굉장히 복합적인 의미를 가지고 있다.

광대의 몰락

광대가 줄타기를 시작했다. 그는 작은 문에서 나와 두 개의 탑을 잇고 있는, 시장터와 군중의 머리 위를 지나가는 줄 위로 걸어가고 있다.

두 개의 탑은 '짐승'과 '위버멘쉬'를 상징한다. 그리고 그 두 개의 탑을 잇는 줄은 바로 인간의 존재 조건, 즉 늘 위험한 상태, 건너가는 과정으로서의 삶이다. 그 줄은 장터와 군중의 머리 위에 걸려 있다. 시끌벅적한 자들 위에, 세상 위에. 시장과 군중은 밧줄을 타는 자가 떨어졌을 때 되돌아갈 곳이다. 따라서 그곳은 자신의 출발지이기도 하다. 이 출발지에서 누구나가 다 밧줄 위를 오르는 것은 아니다. 밧줄을 오르는 자는 '작은 문'으로 접어들어야만 한다. 그만큼 시장과 군중, 즉 짐승의 자리는 빠져나오기가 쉽지 않은 곳이다. 빠져나오는 자는 누구나 시장과 군중의 구경거리가 될 운명에 놓인다.

광대가 가까스로 반쯤 왔을 때, 뒤에서 어릿광대처럼 알록달록한 옷을 입은 자가 뛰어나와 그 광대를 뒤쫓는다. 그러면서 광대를 욕한다. 주목할 만한 발언.

"이들 두 탑 사이에서 무엇을 하고 있는 것이냐? 네가 있을 곳은 저 탑 속이 아니더냐. 누군가가 너를 그 속에 가두었어야 했는데. 너는 지금 너보다 뛰어난 자의 길을 가로막고 있지 않느냐!"

그러면서 그는 길을 가로막고 있는 광대를 훌쩍 뛰어넘었다. 앞서 가던 광대는 그만 정신을 잃고 발을 헛디딘다. 그리고 떨어졌다.

간단히 요약해 본 사건의 전말이다. 그러나 상당히 많은 의문이 생긴다. 광대는 누구이고 어릿광대는 누구인가, 어릿광대는 왜 광대를 욕하는가, 왜 뛰어넘는가.(광대 역시

'위험=이행' 속에 자신을 기꺼이 내던진 그의 동지, 동반자가 아닌가.) 여기서 '뛰어넘음'과 차라투스트라가 말한 '극복'은 다른 것인가, 다르다면 어떻게 다른가, 광대의 몰락과 차라투스트라의 몰락은 어떻게 다른가 등등.

우선, 광대든 어릿광대든 둘 다 스스로를 위험에 내던진 면에서는 긍정적인 측면을 지녔다. 적어도 시장의 군중(무리)은 아니다. 이들 군중은 사람이 아니라, '짐승', 곧 스스로를 극복할 줄 모르는 자들이니까. 반면, 이 둘은 짐승을 극복하기 위해 기꺼이 좁은 문으로 나선 자들이다. 이 사실을 기본 전제로 깔고 이야기를 이어가자.

광대와 어릿광대

둘의 관계는 광대의 처지에서 볼 때와 어릿광대의 처지에서 볼 때로 나누어서 살피면 훨씬 풍부하게 이해할 수 있을 것이다. 먼저 '광대'의 처지, 즉 주저하고 머뭇거리고 가까스로 줄의 절반에 이르는 자의 관점에서 볼 때, 어릿광대는 그를 위험에 빠뜨리고 이윽고는 몰락시키는 자가 된다. 다음, '어릿광대'의 처지에서 보면 광대는 앞길을 가로막는 자, 극복해야 할 자가 된다.

먼저 '광대'의 처지부터 살펴보자. 이때 광대와 어릿광대의 관계는 밧줄 위에 몸을 맡긴 인간의 특성과 연관이 있다. 밧줄-사이 존재로서의 인간은 늘 위험하다. 그런데 그 위험은 자신에게서도 오고 타인에게서도 온다. 이상의 "오 감도"식으로 표현하자면, '무서운 아해와 무서워하는 아해 *'다. 그러나 타인에게서 온 것처럼 보이는 위험도 사실은 타인에게서 온 것이 아니다. 그것은 자신에게서 온 것이기 도 하다. 타인을 두려워하는 마음이 스스로를 두려움에 빠 뜨린다. 그렇다면, 그를 결정적으로 위험에 빠뜨린 '어릿광 대'는 사실은 스스로가 만든 악마, 스스로가 '악마'라 불렀 기에 악마가 된 존재겠다.

'무서워하는 아해'는 '무서운 아해' 때문에 무서워하는 것이 아니다. 그 스스로가 무서워하는 존재다. 뒤돌아보고 주저주저하면서 머무르려고 하는 존재, 기껏 길을 나섰지만 괜히 나섰다 싶고 되돌아가기도 두렵고 계속 나가기도 두 려운 그런 존재. 그래서 광대는 '가까스로' 반쯤 왔다. 한편, '무서운 아해'는 내면적 두려움을 확인시키고 그렇게 두려 움에 빠진 자를 결정적으로 실족시키는 자다. 그는 '무서워 하는 아해'가 보기에 '성큼성큼' 뒤쫓아 와서는 결국 무서 워하는 아해를 실족시킨다. 그러나 '무서운 아해'와 '무서 워하는 아해'는 각기 다른 존재가 아니다. '무서워하는 아해' 가 만든 '또 다른 나'다. 그래서 몰락한 광대는 어릿광대를 '악마'라고 부른다. 그는 길을 나설 때부터 자신의 외도를 심판할 '악마'를 기다렸다. '무서워하는 아해'는 스스로 '무 서운 아해'를 만들고, 그를 '악마'라고 부르는 것이다.

잠시 예수가 광야에서 40일 금식하던 때 나타난 악마를 떠올려보자. 그 악마 역시 외부적 악마가 아니다. 40일간 굶주린 예수, 이제 세상으로 나가야 할 예수가 스스로 불러들인 '또 다른 나'다. 이제 '천사인 나'와 '악마인 나'가 대립한다. '천사인 나'가 주저주저하는 순간, '악마인 나'가 승리할 것이다. 주저하는 나는 곧 '무서워하는 아해'다. 그런 나에게 '또 다른 나'는 늘 '무서운 아해'인 것이다. 그리고 그 '무서운 아해' 때문에 '무서워하는 아해'는 탈락한다. 윤동주가 "또 다른 고향"에서 설정한 '백골'과 '아름다운 혼' 역시 마찬가지 구도다.

'어릿광대'의 처지에서 보면, 광대는 앞길을 가로막는 장애물일 뿐이다. 그렇다면, 어릿광대는 위버멘쉬에 이르는 과정에 있는 자, 그러면서도 머뭇거리는 자를 넘어뜨리는 자라고 할 수 있겠다. 문제는 이처럼 나약한 자들을 비웃는 자, 뛰어넘는 자로서의 삶을 어떻게 받아들일 것인가. 어릿광대가 광대를 뛰어넘는 장면은 얼핏 보면 인간의 인간 극복, 나약함의 극복처럼 보인다. 그러나 이처럼 위험에 스스로 나선 자를, 그가 머뭇거린다고 해서 내팽개치고 실족시키는 것이 진정 위버멘쉬의 삶일까? 이후에 나오는 내용들을 보면 위버멘쉬는 '인간 속에 스며드는 삶'이요, '위버멘쉬를 대비하는 작은 오두막'이며, '위버멘쉬를 위한 계단'이다. 즉 내팽개치는 것이 아니라, 스며들어서 서로가 상승

작용을 하게끔 하는 삶이다. 제1부 "산허리에 있는 나무에 대하여"에서 오르다 오르다 낙담한 젊은이를 차라투스트라가 기꺼이 포용하고 함께 떠나는 장면이 나온다. 이 대목을 보더라도 어릿광대는 진정한 인간 극복의 모습이 아니다. 위버멘쉬는 더불어 나아가는 동반자를 구하는 삶이다. 따라서 실족시키는 어릿광대는 위버멘쉬의 삶이라 할 수 없다.

그렇다면, '뛰어넘음'은 어디서 온 것일까? 그것은 위버멘쉬를 '목적'으로 봤기 때문이다. 지금 상황을 다시 떠올려보라. 두 탑 사이에 밧줄이 걸려 있다. 어릿광대는 성큼성큼 저쪽 탑을 향해 나아가고 있다. 그런데 앞에서 얼쩡거리는 자가 나타난 것이다. 내가 가야 할 길에 걸림돌이 되는 것은 당연지사. 그래서 욕하고 뛰어넘는 것이다. 그러나 어릿광대는 위버멘쉬를 착각하고 있다. 위버멘쉬는 완성태가 아니라 과정 자체라는 것, 삶 자체라는 사실을 망각하고 있다. 이처럼 위버멘쉬를 목적으로 생각하고 완성된 어떤 존재인 것처럼 생각하는 자들은 타인을 내팽개치게 마련이다. 이런 자들은 용감하긴 해도 결코 위버멘쉬에 이를 수 없다. 그가 생각한 위버멘쉬의 자리는 실은 위버멘쉬의 자리가 아니고, 그가 매달려 있는 밧줄 자체를 긍정하고 늘 위험한 줄타기를 하는 삶이 위버멘쉬의 자리이기 때문이다.

그러므로 위버멘쉬는 조급하지 않다. 여유 있게 더불어 나아간다. 스며든다. 인간으로의 몰락, 대지로의 몰락,

이것이 어찌 서두른다고 될 일이겠는가. 인간의 극복은 인간으로의 몰락, 완전한 인간을 향해 나아감이지, 인간을 초월한 저 세상으로 나아감이 아니다.

* 이상의 '무서운 아해와 무서워하는 아해'는 '첫번째아해가 무섭다고그리오'라는 구절에 이미 복합적으로 표현되고 있다. 흔히들 이 구절을 '무섭다고 하오' 식으로 해석하는데, 그것은 일면적인 것 같다. 다르게 해석하자면, '첫번째 아해를 무섭다고 그리오', 즉 '무섭다고 표현한다'로도 할 수 있다. 이렇게 하면, '무서운 아해'가 곧 '무서워하는 아해'가 된다. 이로써 인간 자체가 무섭기도 하고 무서워하기도 하는 이중적 존재가 되는 것이다.

두 몰락

어쨌든 가련한 광대는 떨어졌다. 그가 떨어진 곳은 '그 광대의 몸이 떨어지도록 되어 있던 그 지점', 곧 시장과 군중의 곳이었다. 그렇다! 정확히 '떨어지도록 되어 있던 그 지점'이다. 이처럼 위험에 몸을 맡긴 자일지라도 거기서 떨어지면 원래 자신이 출발했던 곳, 시장과 군중으로 떨어진다. 원위치로! 이것은 죽음이다. 그곳에서 그는 송장이 된다. 다시는 일어서지 못하는 송장. 노예, 군중, 무리인 삶으로 되돌아가기.

이처럼 몰락은 두 가지다. 차라투스트라의 몰락이 있는가 하면, 광대의 몰락이 있다. 차라투스트라의 몰락은 인간을 극복하기 위해 인간으로, 대지로, 다시 말해 인간과 대지의 무한성으로 끊임없이 몰락하는 것이다. 몰락이 곧 진정한 인간이 되는 것이다. 몰락=상승! 그것은 천상과 영원과 진리와 도덕, 별 저 너머의 완벽한 세계, 신 따위를 버리고 기꺼이 지상으로, 인간으로 되돌아옴이다. 그런 되돌아옴의 지속적인 반복이다. 그러나 광대의 몰락은 짐승으로의 몰락이다. 노예적 삶으로의 회귀다. 광대의 몰락을 낳은 것은 머뭇거림이었다. 신을 버린 삶, 따라서 대중을 버린 삶이 주는 고독과 위험을 버티지 못해서다. 기존의 가치관, 질서, 고정관념, 선입견을 버린 삶이 주는 고통을 견디지 못하는 자, 그래서 머뭇거리고 뒤돌아보는 자는 반드시 원래 있던 곳, 떨어져야 할 곳으로 몰락하게 마련이다. 이렇게 몰락한 자는 다시는 되살아나지 못한다. 영원히 몰락한다.

위버멘쉬 역시 위험하다

광대는 차라투스트라의 '바로 그 옆'에 떨어졌다. 광대는 위버멘쉬의 길을 나섰던 자다. 그런 그가 떨어진 곳이 하필이면 왜 차라투스트라의 '바로-그-옆'이었을까? 이것은 위버멘쉬의 길이 늘 출발지로 되돌아올 위험에 노출되어 있다는 사실을 알려주는 대목이라고 할 수 있다. 이 사실을 극명하게 드러내주는 장면은 제3부 "건강을 되찾고 있는 자"에 나온다. 거기서 차라투스트라는 자기 속의 심연에게 손을 내밀고 있다. 이때 심연이란 내 속의 원초적인 욕망, 가능성이다. 위버멘쉬는 이처럼 자신의 심연을 길어 올리는 자다. 그런데, 곧이어 "아! 가까이 오라! 내게 손을 달라! 앗! 놓아라! 아아! 메스껍다, 메스껍다, 메스껍다. 애통하도다"라는 말이 이어진다. 내 속의 가능성을 끊임없이 길어 올리는 차라투스트라에게 내민 심연의 손은 다름 아닌 출발지로 되돌아감, 머뭇거림, 후회, 그것이었다. 마치 짐승의 자리로, 송장으로 되돌아간 광대가 차라투스트라의 '바로-그-옆'에 떨어졌듯이.

길 떠난 자, 밧줄에 매달린 자에게 완성은 없다. "이만하면 됐다"는 생각에 휩싸이는 때가 가장 위험하다. 그는 머문 자가 되고, 주저앉는 자가 되고, 송장이 된다. 영원한 나아감, 몰락-생성의 영원회귀, 그뿐이다.

광대에게 바치는 위로

광대는 잠시 의식을 되찾는다. 그리고 말한다.

나는 일찍부터 그 악마가 나타나 발을 걸어 나를 넘어뜨릴 줄 알고 있었다. 이제 그는 나를 지옥으로 끌고 가고 있다.

앞에서 보았듯 광대에게 어릿광대는 '악마'였다. 그는 그것이 악마임에 틀림없다고 확신한다. 그러나 어릿광대는 악마가 아니다. 8장에서 차라투스트라 앞에 나타난 어릿광대는 분명히 '사람'이라고 표현되어 있다. 광대에게만 어릿광대는 악마였다. 아니, 그것은 광대가 이미 기다리고 있던, 스스로 만들어낸 악마였을 뿐이다.

그에게 어릿광대가 악마였던 이유는 단 하나, 신의 품을 벗어난 자신에게 악마가 나타나 심판할 것이란 두려움을 가졌기 때문이다. 그는 밧줄에 매달린 자신의 길을 후회하고 약간의 위험 앞에서도 "아, 내게 악마의 심판이 다가오는구나"라고 불안해했던 것이다.

기존의 가치관을 벗어던지려고 길을 나선 자, 진정한 자유를 찾아 나선 자는 자칫 광대가 되기 쉽다. 그에게 닥치는 고립감, 고독, 주위의 시선은 견디기 힘든 심판이 되기 쉽다. 그래서 기껏 마련한 자유를 스스로 반납하거나 유일한 자유인 자살로 치닫기 쉽다. '자유로부터의 도피.'*

광대의 공포에 차라투스트라는 말한다.

악마도 없고 지옥도 없다. 너의 영혼은 너의 신체보다 더 빨리 죽어갈 것이다. 그러니 두려워할 것이 못 된다.

악마니 지옥이니 하는 것은 순전히 네가 만들어낸 것에 불과하다. 너의 두려워하는 마음의 산물일 뿐이다. 또한 천사와 천국에 대한 환상의 대립물이기도 하다.

'천사-천국'과 '악마-지옥'이라는 관념의 생성 과정을 살펴보면 아주 재미난 사실이 나온다. '천사'는 몸의 결핍의 대립물이고, '천국'은 지상의 결핍의 대립물이다. 고로 '몸-지상'의 대립물이다. 그렇게 일단 '천사-천국'을 만들고 완벽성을 부여하자, 그것에 극단적으로 대립하는 관념이 나온다. 바로 '악마-지옥'이다. 결국 '천사-천국'도, '악마-지옥'도 '몸-지상'에서 나온 관념들이다. 최상의 것은 '천사-천국'이다. 그것이 완벽하면 완벽할수록 그 반대 개념들은 공포의 대상이 된다.

사람들은 '몸'과 대비되는 것, 그래서 '천상'과 '지옥'이란 영원한 관념 세계에 도달할 수 있는 새로운 관념을 인간 자신에게 부여했으니, 그것이 곧 영혼이란 관념이다. 그것은 '천국-지옥'의 관념의 산물이다.

그 모두를 만든 것이 '몸-지상'이란 사실을 깨달으면 공포는 사라진다. '몸'의 소멸은 '몸'에서 비롯된 다른 관념의 소멸이다. 그러니 두려워할 것이 못 된다! 에피쿠로스의 경탄할 만한 아포리즘.

"죽음은 아무것도 아니다. 왜냐하면 죽음이 깃들면 아무런 감각도 없게 되기 때문이다. 그리고 아무 감각도 없으면 죽음에 대해 걱정할 필요가 없다."

차라투스트라의 위로를 들은 광대는 스스로의 삶을 한 마디로 평가한다. "나는 사람들이 매질을 하고, 변변치 못한 먹이를 미끼로 쥐가며 춤을 추도록 훈련시킨 짐승과 크게 다를 것이 없다오"라고.

죽을 때라야 아는 법이다. 그의 생은 '매질'을 당해서 훈육(사육. discipline)된 삶이었을 뿐이다. 그렇게 길들여진 채, 그것만이 전부인 줄 알았던 삶이었다. 그의 생은 '변변치 못한 먹이'에 매인 삶이었다. "인간은 빵을 위해 기꺼이 자유를 반납했다"는 말은 비단 도스토예프스키만의 것은 아니다. 그런 짐승 같은 삶, 주어진 대로만 살았던 삶이었기에 기껏 찾아 나선 자유의 길 위에서 광대는 그토록 불안해하고 뒤돌아보았던 것이다. 길들여짐이란 이토록 무서운 것이다.

그러나 차라투스트라는 광대의 삶을 결코 하찮게 여기지 않는다. 그래도 밧줄에 나선 자가 아니었던가. 어느 누구도 그렇게 하지 않는데 말이다. 광대는 위험을 천직으로 알고 살았던 자, 즉 인간이란 위험에 내맡겨진 자라는 사실을 알고도 기꺼이 그 운명의 길을 나섰던 자였기에 양 떼들과 그 목자들보다 훨씬 존중받을 만하다.

* 이 문제를 평생 안고 고민했던 사람이 바로 도스토예프스키다. 그의 주인공들인 키릴로프, 스타브로긴, 라스콜리니코

프, 이반, 스메르쟈코프는 신이란 절대자를 버림으로써 스스로가 자신의 삶의 주재자가 되어야 했고, 그래서 고독하고 방황하는 삶을 살 수밖에 없었다. 그리하여 그들은 기껏 마련한 자유를 견디지 못하고 자살하거나, 미치거나, 원래 자리로 회귀하거나 할 수밖에 없었다. 에리히 프롬이 말하듯 '자유로부터의 도피'다. 그러나 이쯤에서 우리는 물어야 한다. 왜 그들은 '신으로부터의 도피'만을 자유라고 생각했을까? 그처럼 속박에서 벗어나는 것만이 진정한 자유일까? 왜 그들은 '~을 향한 자유'로, 그리하여 스스로 생성하는 자유로 나아가지 못했을까? 도스토예프스키가 알료샤를 통해 드러내려고 했던 것은 다름 아닌 이 적극적인 자유, 스스로 창조하는 자유 아니었을까? 나는 그의 알료샤를 이렇게 해석할 것이다.

7. 송장 긍정하기

차라투스트라의 첫 설교와 그가 만난 첫 사건, 동시에 앞날을 예고하는 사건은 이렇게 끝났다. 그리고 밤이 왔다. 그에게 남은 거라곤 송장 하나뿐.

송장 낚기

"참으로 나, 차라투스트라는 오늘 멋진 고기잡이를 했구나. 사람은 낚지 못했지만 그래도 송장은 낚았으니."

의미심장한 구절이다. 그는 군중들 앞에서 설교를 했다. 그런데 이 군중들이란 그가 표현했던 '짐승'에 가까운 존재들이었다. 달리 말하면, 송장과 같은 존재들이다. 이때 송장이란 영혼의 안식을 찾아 육신을 외면하고 죽어버린 자들이란 의미다. 이렇게 송장들 앞에서 설교했으니 송장을 낚는 것은 너무나 당연한 일.

여기서 '고기잡이'란 예수가 제자들을 구할 때 한 말, '사람 낚는 어부가 되게 하겠다'의 패러디다. 예수는 군중들 속 가장 비천한 자에게서 제자를 구했다. 차라투스트라도 그 흉내를 냈던 것. 알다시피, 그는 실패하고 말지만 그 실패로 인해 새로운 사실을 깨닫게 된다. 군중들 속에서 제자를 구하는 것은 '목자와 양 떼'의 관계를 낳을 뿐이란 사실. 예수와 제자의 관계도 그렇지 않은가, 라고 니체는 비꼬고 있다.

'목자와 양 떼'의 만남은 송장과 송장의 만남이다. 그자신, 송장 하나를 낚았을 뿐이란 것에 의미를 부여하는 것은, 속되게 표현하면, '휴우, 다행이다. 하마터면 송장끼리 노닥거릴 뻔 했네'라는 의미에서다. 그는 군중들 속에서 설교한 것이 완전한 실패라는 사실, 그러나 그것을 깨닫게 해쳤다는 점에서는 천만다행한 시행착오였음을 어렴풋이나마 느끼고 있다.

이 대목에서 질문 하나. 그럼 예수와 제자의 관계는 잘못된 것인가? 이와 관련해서 요한복음 15장에 나오는 예수의 말은 의미심장하다.

"이제부터는 너희를 종이라 하지 아니하리니 종은 주인의 하는 것을 알지 못함이라. 너희를 친구라 하였노니 내가 내 아버지께 들은 것을 다 너희에게 알게 하였음이니라."(15절)

종은 주인이 하는 일이 뭔지조차 모른 채 시키는 대로 한다. 그러나 친구 관계, 대등한 관계, 동반자 관계에서는 서로가 서로의 일을 다 알고 있다. 알고 그것에 동의한다면 함께하는 관계다. 그렇다면, 예수는 자신의 일을 모르는 자들을 데려다가 스스로 알 수 있는 자로 삼았다 할 수 있다. 나는, 니체와는 달리, 예수 자신이 일종의 난간, 계단 역할을 했던 것이라고 새기고 싶다. 이러니저러니 해도 '목자와 양 떼'의 관계가 제대로 된 관계가 아닌 것만큼은 확실하다. 비록 처음엔 '목자와 양 떼'의 관계였을지라도 이윽고는 동반자가 되어야 하리라.

'나와 송장'의 관계에 대한 다른 해석

1. 송장은 부정적 대상인가?

니체는 송장에 해당하는 사람들에 대해, '무리', '군중', '양 떼', '비천한 자(천민)' 따위의 표현을 쓴다. 이 말로만 보면 그것은 마치 부정적 대상, 따라서 극복해야 할 대상처럼 보인다. 이처럼 부정적인 대상을 상정하고 그것을 다시 부정함으로써 긍정적인 위버멘쉬로 나아가자는 식이면, 이 것은 변증법의 '정-반-합'의 도식이 된다. 그러나 이 접근은 곤란하다. 왜냐하면, 니체는 '부정의 부정을 통한 긍정'을 '노예의 부정' 또는 '늪의 피가 흐르는 자의 외침'(제3부의 "그냥 스쳐지나가기에 대하여"에서)이라고 보기 때문이다. 즉 부정적인 것을 만든다는 것은 전적인 긍정, 디오니소스적 긍정을 통해 세상의 모든 것을 긍정한다는 발상에 어긋난다는 것이다.

송장을 부정적인 것, 경멸스러운 것으로 보고 그것에서 벗어나고자 한다는 발상을 갖는 이상 이 세상의 많은 사람이 경멸의 대상이 되고 만다. 그 발상은 이윽고는 그런 사람들로 가득 찬 이 세상에 대한 경멸이 된다. 여기서 이 세상을 뒤집어엎고 새로운 세상, 새로운 인간상을 세우자는 '혁명적' 구상이 나온다. 그러나 그것은 기본적으로 이 세상을 부정하는 것이 된다. 세상과 인간을 부정하는 자, 그는 곧 삶을 부정하는 자 아닌가! 이것은 니체가 생각한 위버멘쉬에서 벗어나도 한참 벗어난다.

따라서 니체의 송장은 긍정적으로 해석되어야 한다. 그렇다고 송장 자체를 긍정한다는 말은 아니다. 요는 송장이 있음으로 해서 그와 구별되는 내가 있을 수 있다는 점에서 긍정이 된다. 이것은 '송장과 나의 차이(difference), 거리(distance)'에 대한 긍정이다. 이 차이가 있기에 나의 개성, 나의 도덕, 나의 선, 나의 진리가 성립될 수 있다. 요컨대 '차이 · 거리의 긍정'이다.

2. 나 속의 송장

송장은 가장 무거운 자다. 그는 중력의 압력을 가장 철저하게 수용하는 자다. 시체야말로 가장 무거운 법이다.

그러나 앞에서도 보았듯이 이 송장과 같은 요소는 어느 곳 아닌 바로 내 속에 들어 있는 요소다. 내 속에 있는 '중력의 악령에 굴복하려는 요소'. 따라서 송장과 나의 관계는 내 속의 '송장적 욕망'과 '나 자신의 욕망'이 어우러지는 관계이기도 하다. 그 송장적 요소를 나 자신의 욕망으로 극복하려는 의지. 그러므로 '송장과 나의 거리두기'는 다름 아닌 내 속에서의 거리두기라고 할 것이다.

이제 차라투스트라는 자신 속의 송장을 파묻어야 한다. 그것은 새로운 도약을 위한 몰락이다. 자신 속의 송장에 대

한 경멸이 바로 나 자신에 대한 경멸, 즉 내 속에 있는 안주
하려는 욕망에 대한 경멸이 되는 것이다.

어릿광대에 얽매인 사람

이제 차라투스트라의 다음 말은 쉽게 이해된다.

"알 수 없는 것이 사람이란 존재로, 그것에는 아직 아무런 의
미도 없다. 그리하여 어릿광대조차도 그에게는 재난이 되는구나."

이처럼 사람이란 알 수 없는 존재다. '수많은 것들이
뒤엉킨 존재', '고정되지 않고 늘 변화하는 존재'라는 점에
서 그렇다. 이것은 '가능성'을 의미한다. 좋은 쪽으로도, 나
쁜 쪽으로도 변화를 낳을 수 있는 예측 불가능한 가능성.
그런데 그 무수한 욕망들의 뒤엉킴 속에는 번득이는 '생의
긍정', '번갯불' 같은 의지가 들어 있다. 그것이야말로 사람
이 스스로 발견할 수 있는 진정한 자신의 의미다. 이것을
발견할 때 비로소 사람은 위버멘쉬로의 변화로 나아갈 수
있다.

'아직 아무런 의미도 없다'란 사람들이 이런 자신 속의
긍정적 요소를 발견하지 못했다는 말이다. 여기서도 우리
는 니체가 사람들을 경멸하지 않는다는 사실을 알 수 있다.
오히려 그는 이 가능성에 주목하여 그들에게 자신 속의 번

갯불을 발견하게끔 하고자 한다. 그렇다, '아직'이다. 아직
은 의미를 발견하지 못한 자들에게 '이제'는 의미를 발견하
게끔 하는 것, 이것이 위버멘쉬의 삶이다.

　아직 아무런 의미도 없는 자, 자신만이 유일하게 자기
삶의 주인공일 수 있다는 사실을 깨닫지 못한 자에게는 '어
릿광대'도 재난이 된다. 내 속의 어릿광대조차도. 그 어릿광
대는 그가 자신의 진정한 의미를 발견하지 못하였기에 스
스로 만들어낸 것이다. 자신 속의 별 대단할 것 없는 요소
조차도 이런 자에게는 재난이 된다.

　'어릿광대'란 말은 또 얼마나 상징적인가. 말 그대로 '어
릿'광대다. 알록달록하고 우스꽝스럽고 별것 아닌 것으로
호들갑떨고 욕해대는 것. 알고 보면 별것도 아닌데, 자신과
자신의 삶을 신뢰하지 못하는 자에게는 두려운 존재, 공포
의 대상이 된다. 그러므로 무엇보다 중요한 것은 자신의 완
전성을 신뢰하는 일이다. 그럴 때만 사물과 인간을 과장하
지 않고 대할 수 있다. 자신의 완전성을 신뢰하지 않는 자
에게 타인과 모든 사물은 쓸데없이 부풀려지거나 일그러진
다. 알록달록해진다. 그리하여 그것에 매달리거나 그 때문
에 추락하고 만다.

　오늘의 어릿광대들, 그것은 '물질', '돈'이다. 그것이 내
뒤에서 나를 욕해대고, 나를 유혹하고, 나를 경멸하기도, 칭
찬하기도 한다. 나를 죽이기도 살리기도 한다. 그것은 신성

화된 모든 것들이다. '국가', '민족'이 그렇다. '가족'이 그렇고, '신'이 그렇다. '공부'가 그렇고, '노동'이 그렇다. 쓸데없이 부풀려진 것들이자 어떤 때는 쓸데없이 일그러지기도하는 것들이다. 이런 일이 벌어지는 것은 내가 나의 완전성, 내 삶의 긍정성을 확신하지 못하기 때문이다. 이 어릿광대들이 '또 다른 나'가 되어 나를 쓸데없이 부풀게도, 일그러지게도 한다.

먹구름에서만 번갯불이 나온다

이제 우리는 차라투스트라의 말에 귀를 기울여야 한다.

"나는 사람들에게 자신들의 존재가 지니고 있는 의미를 터득시키고자 한다. 그것은 위버멘쉬요, 사람이란 먹구름을 뚫고 내리치는 번갯불이다."

먹구름, 그것은 혼돈이다, 가능성이다. 그 먹구름 속에서, 먹구름의 충돌을 통해서만 번갯불이 내리친다. 이것이 내게 있는 가능성이요, 의미다. 그러므로 나의 예측 불가능성, 우연성, 충동…, 이것들을 긍정하라. 그것들에 충실할 때, 그것들을 긍정할 때, 그 웅성거림을 기꺼이 받아들일 때, 내게 번갯불이 내리칠 것이다.

벼락! 정신을 둘로 쪼개는 도끼와 같은 것!(카프카) 모

든 진리를 사정없이 쪼개고 새로운 진리를 만드는 것!〈금
강경〉 실로 번갯불은 어떤 계기로도 찾아오는 것이다. 가장
하찮은 사건에서도 그것은 찾아온다. 단, 자신을 긍정하는
자에게만.

사람들에게 차라투스트라는 아직도 '바보와 송장 사이
에 있는 얼치기일 뿐'이다. 그는 어느 누구에게도 다가가지
못했다. 아니, 그 자신이 여전히 과정 속에 있는 자일 뿐이
다. 그 역시 아직 밤에 있는 자, 몰락하고 있는 자다. 그러나
만약 이 바보와 송장, 밤을 부정한다면, 그는 끝끝내 위대한
정오에 도달하지 못할 것이다. 새로운 밤과 새로운 몰락을
위한 그 위대한 정오. 그러므로 바보와 송장, 그리고 이 어
둠조차 긍정해야 한다.

잉여로서의 삶, 주사위놀이, 운명애

"밤은 어둡고 차라투스트라가 갈 길 또한 어둡다. 오라, 너
차디차게 굳어버린 길동무여! 내 너를 등에 지고 가겠다. 내 손수
너를 묻으려 하는 그곳으로 말이다."

어두운 길, 어디로 갈지 모르는 길. 그 길을 외면할 것
인가. 아니다. 기꺼이 간다. 무엇에 도달할지는 모른다. 그
러나 한 가지만은 안다. 그 길을 나서야만 낮이 온다는 사

실만큼은 분명하지 않은가. 그러니 밤길이라 해서 멈추지 말 일이다. 이것이 바로 위대한 주사위놀이로서의 인생이다.

주사위놀이! 주사위를 던졌을 때 무엇이 나올지는 아무도 모른다. 확실한 것은 단 하나, 무언가가 나온다는 사실. 이것이 밤길을 나서는 자, 우연한 결과를 스스로 찾아나서는 자, 전 생을 긍정하는 자의 자세다. 잉여로서의 삶!

"주사위는 던져졌다!" 이제 나올 것은 전혀 다른 '내' 인생이다. 설레지 않는가! 이후 전개될 또 다른 나의 삶에 대한 설렘. 이것이 삶을 잉여로서 대하는 자의 태도다. 내게 분명히 있는 것은 '삶'이다. 나는 죽는 날까지 이 삶을 살아갈 것이다. 이 삶이 있는 한 내 앞의 모든 것은 삶의 여정이다. 중요한 것은 최초의 주사위 던지기를 긍정하는 것이다. 기꺼이 던지는 것이고, 그 결과를 전적으로 긍정함이다. 이처럼 최초의 주사위놀이(우연)를 긍정하는 자만이 지속적인 주사위놀이(필연)를 긍정할 수 있다.

운명애! 이것은 본질적으로 주사위놀이인 운명을 긍정하는 자의 외침이다. 나는 사랑하노라, 운명을, 삶을!

그러므로 나는 나의 송장을 기꺼이 짊어지고 가야 한다. 내팽개치지 않는다. 부정해야 마땅할 인생이란 없다. 그런 인생에게 모든 과거는 후회투성이다. 오직 있어야 할 것은 반성이고 극복일 뿐, 후회는 없다. 송장, 그것은 그의 주사위놀이의 결과물이다. 그는 그것을 짊어지고 가야 한다.

그것이 그의 새로운 주사위놀이의 출발점이므로.

사소한 예를 들어보자. 가령, 시험을 쳤을 때의 결과는 송장과 같은 것이다. 그것을 외면한다고, 후회한다고, 내팽 개친다고 그 결과가 절로 벗어던져질 수 있는 것은 아니다. 거꾸로 그 결과가 좋았다 해서 그것에 만족하고 영원히 그 것에만 매달리는 것도 아니다. 그것은 내 주사위놀이의 결 과이자 새로운 주사위놀이의 출발일 뿐이다. 생을 긍정하는 자는 그 결과를 기꺼이 짊어지고 간다. 그러나 그가 짊어지 고 가는 것은 이윽고는 그것을 파묻을 곳을 찾아 나섬이지, 영원히 짊어지고 가기 위함이 아니다.

나의 동반자를 외면하지 말라. 그것은 생을 외면하는 것이다. 마찬가지로 나의 동반자에 얽매이지도 말라. 그것 역시 생을 외면하는 것이다. 동반자는 외면해서도 얽매여 서도 안 된다. 그것은 늘 함께 가는 것이고, 늘 바뀌는 것이 다. 그 함께함과 바뀜을 긍정하는 자만이 자신의 생을 긍정 하는 자다.

8. 몰락하기, 땅에 눕기

차라투스트라의 어릿광대, 원숭이, 투덜대는 돼지

송장과 함께 밤길을 나선 차라투스트라 앞에 한 '사람'

이 나타났다. 어릿광대, 광대에게만은 '악마'였던 '사람'. 자신의 위험한 선택을 긍정하지 못했던 광대에게는 모두가 '악마'다.

어릿광대는 다름 아닌 '차라투스트라의 어릿광대'다. 그는 차라투스트라의 속에서 끊임없이 흔들고 위협하고 유혹하기도 하는 또 다른 나다. 그런 어릿광대가 이제 차라투스트라에게 속삭인다. 이 도시를 떠나라고, 비켜가라고, 지나쳐가라고. 이 충고의 의미와 그에 대한 차라투스트라의 대응을 확실히 이해하고 싶거든 제3부의 "그냥 스쳐지나가기에 대하여"를 꼭 읽어보기 바란다. 거기서는 '차라투스트라의 원숭이'가 등장한다.

그 원숭이(어릿광대)는 차라투스트라에게 충고한다. 이 도시는 그냥 지나치라고, 이 도시는 이미 진창이 다 되어버려서 당신의 말을 이해하지도 못하고 받아들이지도 않을 것이므로, 당신의 말을 알아들을 만한 곳에 가서 가르치라고. 그는 차라투스트라를 자빠뜨리는 자다. 그런 원숭이를 일컬어 차라투스트라는 '나의 투덜대는 돼지'라고 부른다. 내 속에서 끊임없이 투덜거리는 또 하나의 나.

어릿광대가 경고한 것은 위험이었다. '선한 자와 의로운 자, 신앙인들'이 그대를 미워하여 민중의 위험이라고 한다, 자칫하면 당신은 죽을 거다, 아니, 내가 그대를 죽일 것이다, 라고. 그런데 차라투스트라는 그 말을 듣고 아무런 대꾸도 없이 어두운 골목길로 사라진다. 그는 어릿광대의 위협에 굴복한 것인가?

이 이해하기 힘든 행동에 대한 설명이 "그냥 스쳐지나가기에 대하여"에 나온다. 차라투스트라는 말한다. "더 이상 사랑할 수 없는 곳이라면 들르지 말고 그냥 지나가야 한다!"라고. 그렇다. 차라투스트라가 욕하고 떠들어대는 곳은 그가 사랑할 수 있는 곳이었다. 변화의 가능성이 있는 곳, 그곳만이 떠들 가치가 있는 곳이다. 나머지에 대해서는 그냥 스쳐지나갈 뿐이다. 마치 성자와의 만남을 가볍게 지나쳤듯이.

죽음의 설교자들

도시의 성문이다. 죽은 도시의 마지막 관문. 그곳에서 무덤을 파 시체를 매장하는 자들을 만난다. 그들은 죽음의 설교자를 상징한다. 끊임없이 무덤을 파는 자들, 그 무덤에 시체를 파묻는 자들, 죽음을 찬양하는 자들, 지상과 삶을 부정하고 영원한 생명을 위해 지금의 삶을 죽이라고 하는 자들. 그들이 그들의 횃불, 즉 그들의 사상으로 차라투스트라의 얼굴을 비춘다. 그리고는 비웃는다.

"차라투스트라가 죽은 개를 짊어지고 가는구나. 그가 시체를 묻는 인부가 되다니, 잘된 일이야! 이 구운 고깃덩어리를 만지기에 우리들의 손은 너무나도 깨끗하지 않은가."

철학에서 '죽은 개'는 흔히 '죽은 사상'을 상징한다. 차
라투스트라가 짊어진 송장은 차라투스트라의 가르침, 즉
위험에 자신을 내맡기도록 권하는 가르침을 따르다가 죽은
자다. 그러므로 죽음의 설교자가 보기에 그 송장은 경멸스
러운 시체다. 그렇다. 그들은 죽음을 설교하지만, 자신의 가
르침대로 따르다 죽은 시체만 파묻는 자들이다. 다른 가르
침을 따르다가 낙오한 자는 비웃음의 대상일 뿐.

결국 이 대목은 죽음의 설교자들이 말하는 영원한 사
랑이 얼마나 배타적인 사랑인지를 보여준다. 그들은 말로는
인류애니 아가페적 사랑이니 떠들어대지만 고작 '동포애'
에 불과하다. 함께 믿는 자, 그리하여 함께 죽는 자들은 '형
제'요 '자매'지만, 그렇지 않은 자는 '구운 고깃덩어리', 악
마의 자식일 뿐이다.

여기서도 차라투스트라는 아무런 대꾸를 하지 않는다.
그냥 지나쳐가기다.

죽은 자와 산 자를 가리지 않는 베풂

이윽고 도시를 벗어난 차라투스트라는 숲과 늪에서 비
로소 허기를 느낀다.

"숲과 늪에서 허기가 나를 덮치고 있구나."

군중들 틈에서는 아무런 허기도 느끼지 못했다. 허기
란 생명에 대한 갈망이다. 도시에서 그것을 느끼지 못했다
는 것은 그곳이 생명력을 상실한 곳이기 때문이리라. 숲과
늪에서 비로소 허기를 느낀다는 것은 여기서 새로운 생명
을 획득할 것이란 점을 암시한다.

외딴 집 문을 두드려 음식을 청한다. 새로운 생명을 보
충받고 싶었던 것. 그 집의 주인인 노인은 죽은 자를 위해
서도 음식을 내놓았다. "내 길동무는 죽었고 그를 설득하여
먹고 마시도록 할 길이 없소"라는 차라투스트라의 말에 "나
와는 상관없는 일이지. 내 집을 두드리는 자라면 그 누구든
내가 주는 것을 받아야 해"라면서.

두 사람의 대화는 흥미롭다. 차라투스트라는 죽은 사
람으로 하여금 새로운 생명을 보충받으라고 설득할 길이
없다. 그는 죽은 자를 살리는 자가 아니다. 죽은 자는 죽은
자일 뿐. 그는 죽은 자의 벗이 아니라, 산자의 벗이다. 반면,
노인은 죽은 자와 산 자를 가리지 않는 진리를 베푸는 자다.
그의 음식은 가리지 않고 무조건 나누는 베풂이다. 따라서
그의 진리는 무차별적 사랑이다. 이 차이는 차라투스트라
의 깨달음(9장)과 연관된다. 차라투스트라는 산 자에게 향
하는 진리, 진실로 동반자일 수 있는 자에게 나아가는 이로

거듭난다. 조건부 사랑.

산 자의 몰락, 땅으로

차라투스트라가 음식을 먹었는지 어떤지는 알 길이 없다. 먹었든 말든 상관없다. 그에게 필요한 것은 그의 깨달음과 노인의 진리 사이의 거리, 차이다. 얼마나 큰 차이, 거리인가, 그리하여 그와 노인은 얼마나 다른가, 하는 차이.

그는 밤길에 익숙해 있었고 잠든 사람들의 얼굴을 들여다보기를 좋아하던 터였다. 그러나 동이 틀 무렵 깊은 숲속에 와 있었고 길은 더 이상 보이지 않았다.

밤길에 익숙한 자, 잠든 사람들의 얼굴을 들여다보기를 좋아하는 자, 아직도 차라투스트라는 진정으로 몰락하지 못했다. 아직도 밤과 잠든 자 가까이에 있는 것. 그런 한, 그는 아직도 산 자보다는 죽은 자 가까이 있는 자요, 죽음의 설교자들이 죽인 자들, 양 떼들을 구제할 의사가 남아 있는 자다. 기꺼이 목자가 되고자 하는 자. 그런 그에게서 가능성을 찾는다면, 기꺼이 밤길을 나섰다는 점이다. 그러나 그가 익숙해하던 밤길은 실은 미망의 길이었다. 더 깊은 숲속으로 이끄는 길이었다. 동이 트자 그 모든 것은 확연히 드러난다. 더 이상 길이 보이지 않는 것이다. 이제는 몰락할 차례.

그의 몰락은 '땅과 이끼 위에 눕는 것'이다. 대지로의 몰락. 더 이상 길이 보이지 않을 때까지 자신을 밀어붙인 그는, 이제 드디어 대지로 몰락한다. 혼돈과 무한한 광활함의 곳으로. 거기서 그는 새로운 생성을 맛보리라.

9. 몰락-생성

길조차 보이지 않는 때 몰락한 차라투스트라. 그가 깨어난 때는 오전 한나절의 햇살마저 스치고 지나간 때, 위대한 정오의 직전이다. 이제 거대한 생성의 시간이다. 또 다른 몰락의 시작. 그가 발견한 '새로운 진리'는 무엇일까?

살아 있는 길동무

"이제는 길동무가, 내 어디로 가든 업고 갈 수밖에 없는, 그런 죽어 있는 길동무나 송장이 아니라 살아 있는 길동무가 있어야겠다."

어디로 가든 업고 갈 수밖에 없는 길동무는 사실 길동무가 아니다. 그것은 끝끝내 이끌고 가야 할 양 떼일 뿐이다. 시키면 시키는 대로 할 줄밖에 모르는 무리들. 그러나 이런 길동무는 이제 불필요하다. 차라투스트라는 다시 태어난 것이다.

많은 사람들은 자식이나 제자가 평생 자기를 따라주었으면 하고 기대한다. 내가 먹여주고 입혀주고 재워주고 가르쳐주었으니, 너는 내 뜻에 따라줘야 한다는 식이다. 그러나 그는 자식이나 제자들을 평생 업고 가는 자다. 그에게 업힌 아이들은 제 머리로 생각하지 못하고 제 다리로 걷지 못하는 자, 즉 송장이다. 그는 업힌 아이들이 평생 송장처럼 살기를 바라는 것일까? 스스로 생각하는 자, 스스로 걷는 자, 즉 동반자가 필요하다는 사실을 왜 모를까? 아이들이 스스로 생각하고 스스로 걷는 것이야말로 가장 큰 기쁨이란 사실을 왜 모르는 것일까? 스스로를 난간, 계단, 뗏목, 다리라고 생각할 일이다. 끝끝내 지팡이가 되고자 한다면, '뗏목을 이고 가는 사람들'을 길러낼 뿐이란 사실을 직시할 일이다.

"그들 스스로가 원하여 내 가는 곳으로 따라가려는, 살아 있는 길동무가 있어야겠다."

내가 끌고 가는 것이 아니다. 그들이 스스로 따라오는 것이다. 이것이 바로 살아 있는 길동무다. 안 따라오면? 그건 할 수 없는 노릇이다. 내 걸음에 문제가 있거나, 아니면 그들 길동무들에게 문제가 있거나 둘 중 하나일 테니.

말로 이끄는 것이 아니다. 삶으로 이끄는 것이다. 아니, 이끈다는 생각조차 없음이다. 그저 자신의 길을 확신에 차서 뚜벅뚜벅 걸어감이다. 노자라면 행불언지교(行不言之敎)다. 말없이 가르치고 싶은 것을 행할 뿐이다. 장자라면 명경지수(明鏡止水)다. 내 삶을 살아가노라면 그들이 스스로 와서 비쳐볼 따름이다. 부처라면 염화미소(拈華微笑)다. 꽃을 집어 들면 미소 지을 뿐. 굳이 말이 필요한가!

"창조하는 자는 더불어 창조할 자, 새로운 가치를 새로운 판에 써넣을 길동무를 찾는다."

차라투스트라는 무리 속에서 제자를 찾았다. 그런 목표를 갖는 한, 그는 미움을 받을 수밖에 없다. 그들 무리 속에서 몇몇을 끄집어내려 하면 이미 그들을 이끌고 있던 사제들, 목자들에게서 '도둑'이란 비난을 받게 된다. 내 양을 먹이려는 자를 그들은, 예수와 달리, 인정하지 않는다.(예수는 부활 후에 '내 양을 먹이라'라고 베드로에게 말한다.) 설사 인정하더라도 차라투스트라는 더 이상 '그들의 양'을 먹일 생각이 없다. 왜냐하면, 그들의 양은 이미 그들의 것이므로. 그들은 이미 새로운 판에 새겨 넣을 새로운 가치 자체를 부정하는 자들이므로.

차라투스트라가 찾아야 할 자는 기존의 가치를 거부하는 자, 무언가 새로운 가치를 추구하는 자다. 그런 자라야만 더불어 창조할 수 있다. 이런 파괴자, 범죄자라야만 진정한 차라투스트라의 동반자라 할 것이다.

송장과의 이별

　이제 새로운 깨달음을 얻은 차라투스트라는 송장과 작별한다.

　"때가 되었으니 이제 헤어지자. 아침놀과 또 다른 아침놀 사이에 내게 새로운 진리가 찾아온 것이다. 나는 고작 가축 떼나 돌보는 목자가 되어서도 안 되며 송장이나 묻는 자가 되어서도 안 된다. 나는 군중과는 더 이상 이야기하지 않으리라. 죽은 자에게 말하는 것도 이것으로서 끝이다."

　이제 차라투스트라는 앞서 만났던 현인들과 확실히 다른 길을 걷기 시작한다. 숲에서 만난 성자는 사람의 짐을 덜어주고 그들이 원하는 것을 적선하도록 권유했다. 그것은 확실히 양 떼를 이끌 좋은 방법이다. 그러나 그들은 내 등에 업힌 채 영원히 나를 추종만 할 것이다. 어릿광대는 앞서가는 자의 어설픈 몸짓을 참지 못한다. 그래서 같은 길 나선 이를 뛰어넘고 추락시킨다. 차라투스트라는 동반자를 원한다. 비록 그들이 어설플지라도 함께 길나선 이상은 동반자가 될 수 있다. 무덤을 파는 '죽음의 설교자들'은 매일 매일 송장을 길러내고 있다. 제대로 잘 죽은 송장을 일컬어

'내 양 떼들'이라며 흡족해한다. 그러나 정작 그들 자신은 가장 몸에 충실하다. 원래 사제가 가장 살찌는 법. 그는 그가 설교한 천국이 사실은 지상에서만 실현가능하다는 것을 잘 안다. 차라투스트라는 이렇게 무리를 기만하는 자가 아니다. 외딴 집의 노인은 산 자에게든 죽은 자에게든 가리지 않고 그의 진리를 베푼다. 이 진리는 영원불변한 진리, 오랜 역사를 자랑하는 진리다. 산 자와 죽은 자를 구분하지 못하는 진리가 차라투스트라가 추구할 진리는 아니다. 그는 산 자의 진리, 생성자의 진리, 창조자의 진리를 추구한다. 늘 새로운 진리, 늘 바뀌는 진리, 늘 내가 주체인 그런 진리.

은자, 고독자를 향하여

"군중과는 더 이상 이야기하지 않겠다"는 말이 군중 앞에서는 절대로 말하지 않겠다는 뜻일까? 그것은 아니다. 군중에 영합하는, 그들이 알아듣기 쉬운, 그들을 잠시 기만하여 마치 진심으로 진리를 발견한 양 기뻐하게 만드는 그런 말은 하지 않겠다는 뜻이다. 이 책의 표지에 나온 말처럼 '모든 사람을 위한, 그러면서도 그 어느 누구를 위한 것도 아닌' 그런 말을 하겠다는 것. 어떠한 순간이라도, 알아듣지 못할지라도, 고개를 설레설레 흔들더라도 어쨌든 나의 진리를 말하겠다는 것이다. 그랬을 때라야만 진정으로 동반자를 만날 수 있다. 무언가 문제의식을 가지고 있는 자,

그런 자라면 내 이야기를 알아들으리라.

그들은 은자다. 고독한 자들이다. 은자라고? 숲속에 숨어 있는 자? 아니다. 세상에 있으되 세상의 가치와 타협하지 못하는 자, 그리하여 스스로 고독 속에 침잠해 있는 자, 무언가 자신만의 진리를 추구하는 자, 그들이 바로 은자다.

그들에게 차라투스트라는 위버멘쉬에 이르는 층계 하나하나를 모두 보여주겠다고 결심한다. 층계라고? 그렇다. 층계. 위버멘쉬는 과정이지, 결과가 아니므로. 나아가는 과정을 보여줄 뿐, 결과는 전적으로 그들 몫이다. 아니, 결과는 없다. 늘 결과들만 있을 뿐.

다시, 뛰어넘기에 관하여

마지막에 납득하기 힘든 말이 나온다.

"나는 나의 목표를 향해 나의 길을 가련다. 나는 머뭇거리는 자와 게으른 자들을 뛰어넘어 가리라. 나의 길이 그들에게는 몰락의 길이 되기를!"

뛰어넘어서 몰락시키는 것, 이것은 어릿광대가 광대에게 자행한 짓이다. 그런데 이런 짓을 차라투스트라가 하겠다고? 이 구절과 다음을 비교해 보라.

극복에는 다양한 길과 방법이 있다. 유념하라! 그러나 오직 어릿광대만은 "누군가가 사람을 뛰어넘을 수도 있다"고 생각한다.(제3부의 "낡은 서판과 새로운 서판에 대하여" 4에서)

어릿광대만이 사람은 뛰어넘을 수도 있다고 생각하는데, 왜 느닷없이 차라투스트라가 이런 말을 하는가? 여기서 '머뭇거리는 자', '게으른 자'란 다름 아닌 그가 버린 '송장'에 해당한다. 그가 송장을 떠메고 다녔던 것은 여전히 이들에게서까지 가능성을 보았던 때문이다. 그러나 이제 송장을 묻었다. 그는 그 속의 송장을 몰락시키고 새로운 것, 즉 동반자를 찾아 나서야겠다는 새로운 진리에 눈떴다.

따라서 그가 사람들 일반을 뛰어넘겠다는 말을 하고 있는 것은 아니다. 그가 뛰어넘겠다고 한 것은 무리, 군중, 양 떼를 뛰어넘겠다는 것이다. 그들 속에 스며들어 무언가를 추구하는 짓은 더 이상 않겠다는 의미. '그냥 지나쳐가기'다. 더 이상 사랑할 수 없는 곳, 결국에는 가능성이 없는 곳, 스며들 필요 자체가 없는 곳이라면 그냥 뛰어넘겠다는 말로 해석해야겠다.

그러면 가능성이 없는 곳은 어디일까? 바로 '개선의 여지와 개악의 여지가 없는 곳'(제3부의 "그냥 지나쳐가기에 대하여")이다. 변화의 가능성이 없는 곳. 개선의 여지만 없는 곳이 아니다. '개악'의 여지도 없는 곳이다. 확고부동한 진리와 도덕, 가치관, 질서가 아예 뿌리내린 곳이다. 이런 곳이라면 그냥 뛰어넘겠다는 것.

도대체 누가 가능성 여부를 판단할 수 있단 말인가, 라는 질문이 가능하다. 여기에 저 유명한 니체의 '관점주의(원근법주의)'가 등장한다. 즉 모든 가치 판단의 중심에 자신을 두고 자기를 기준으로 가깝고 멀고를 판단하는 것이다. 변화가능성 여부에 대한 판단 주체도 다름 아닌 자신이다. 자신에게서 가장 멀리 떨어진 것, 그것은 변화가능성이 없는 곳, 더 이상 사랑할 수 없는 곳이 된다.

그렇다면 이것은 독선이 아닌가, 라고 또 반문할 수 있다. 아니다. 그의 판단은 체험의 산물이다. 그는 군중들을 향해 설교했고, 송장을 기꺼이 떠메고 4시간 가까이 돌아다닐 만큼 노력했다. 짐을 질 만큼 졌다. 그 짐을 지고 스스로 고독의 공간으로 향했다. 그는 모두를, 죽은 자마저도 사랑한다는 기존의 가치관을 충실히 몸으로 실천했다. 다른 사람들과의 유일한 차이점이라면 도시를 떠나 숲으로, 길조차 알 수 없는 곳, 즉 고독의 곳으로 향했다는 점이다.

여기서 길조차 알 수 없는 곳이란 혼돈의 곳, 가치관의 혼란을 겪는 곳을 뜻한다. 바로 몰락의 곳, '내려감'의 곳이다. 그곳에서 발견한 사실이 바로 죽은 자가 아니라 산자와 동행해야 한다는 깨달음이다. 따라서 그가 '뛰어넘어야 할 자들'이라고 지칭한 대상들은 다름 아닌 자신의 노력의 결과로 얻은 깨달음이다. 이제 그가 뛰어넘겠다고 선언한 것은 곧 새로운 진리의 깨달음을 달리 표현한 것일 뿐이다.

분명히 기억해야 할 것은 체험 없이 뛰어넘을 것은 없다는 사실이다. 기존의 도덕 역시 체험을 통해 극복된다. 그것은 스스로 그 짐을 짊어지는 데서 비롯된다. 그저 지고 버티고만 있어서는 안 된다. 지되, 고독의 공간, 무한한 회의의 공간, 혼돈의 곳을 향해 나아가야 한다. 그곳이 바로 몰락의 곳, 곧 대지와 몸이다. 그 모든 회의와 갈등 속에서 기어이 마주칠 어떤 요구와 맞서 싸워야 한다.(바로 외딴 집 노인의 요구, "죽은 자든 산 자든 내가 주는 것을 먹어야 한다.") 그럴 때 비로소 뛰어넘어야 할 것, 즉 당위적 요구, 불변의 진리, 그것에 머뭇거리는 자들, 새로운 질문 던지기에 게으른 자들을 발견할 수 있게 되는 것이다.

이제 뛰어넘을 대상은 분명해졌다. 불변의 진리와 그것의 노예된 자들. 따라서 여기서의 뛰어넘음은 어릿광대의 그것과는 차원이 다른 문제다.

10. 영원회귀, 뱀과 독수리로!

머리말의 맨 마지막 절이다. 아주 재미나고 가슴 벅찬 대목. 이제 니체의 어법에 조금 익숙해진 사람이라면 이 절이 무슨 말을 하려는 건지 그리 어렵지 않게 이해할 수 있을 터.

위대한 정오

차라투스트라의 깨달음의 시간은 '해가 그의 머리 위에 떠 있을 때', 즉 정오다. '위대한 정오'의 시간은 그림자가 가장 짧은 순간이다. 그림자가 가장 짧다? 도대체 언제가 가장 짧단 말인가? 단 한 번, 단 한 순간, 찰나적인 순간 아닌가. 몰락의 끝이자 새로운 생성의 처음인 순간. 더불어 그렇게 생성되고 나면 곧바로 또다시 몰락이 시작되는 순간이기도 하다.

위대한 정오를 제대로 이해하기 위해 잠시 〈우상의 황혼〉 중 "'실재 세계'가 마침내 어떻게 하나의 신화가 되고 말았는가"를 보자. 이 가운데 우리의 논의와 관련되는 대목은 5와 6이다.

5. '실재 세계'―더 이상 쓸모가 없고, 더 이상 의무감도 느낄 필요가 없는 하나의 관념―쓸모없고, 불필요하게 남아돌고 있는 하나의 관념, 따라서 논박되어 버린 관념. 자, 그 관념을 없애버리자!(밝은 햇빛. 아침 식사. 유쾌함과 양식(良識. bon sens)의 복귀. 플라톤이 무안하여 얼굴 붉히고, 모든 자유로운 정신이 왁자지껄 내달린다.)

6. 우리는 실재 세계를 없애버렸다. 무슨 세계가 남아 있을까? 보이는 세계일까? 아니다. 실재 세계와 함께 우리는 보이는 세계도 없애버렸다.(대낮. 그림자가 가장 짧은 순간. 가장 긴 오류의 끝. 인류의 정점. 비로소 차라투스트라의 등장 (INCIPIT ZARATHUSTRA))

여기서 실재 세계란 영원불변의 세계, 이데아, 천국을 의미한다. 그런데 아침의 밝은 햇빛 아래서 그것은 꼬리를 내리게 된다. 이것이 바로 차라투스트라가 죽은 자와 산 자 모두의 양식을 내놓은 노인의 허구를 깨닫고 송장을 내던지는 장면에 해당한다. 그리고 대낮, 그림자가 가장 짧은 순간이 되면서 가장 긴 오류가 끝난다. 가장 긴 오류란 무엇인가? 바로 인류가 그동안 철석같이 믿던 진리, 즉 천상과 지상을 구분하고 천상의 진리를 절대적인 것으로, 지상의 것을 그림자와 같은 것으로 보던 것을 말한다. 그것이 끝났다. "실재 세계와 함께 우리는 보이는 세계도 없애버렸다"란 말은 바로 천상과 지상의 이분법을 완전히 폐기해 버렸다는 뜻이다. 이 순간이 바로 차라투스트라가 등장하는 시간이다. 그래서 '위대한 정오'다.

그것은 너무 짧다. 너무 짧아서 도대체 이런 짧은 순간에 등장하는 차라투스트라가 무슨 의미가 있단 말인가, 라고 푸념이라도 할 법하다. 그러나 역설적으로 들릴지는 몰라도, 그 순간은 짧아야 한다. 오히려 길면 안 된다. 왜냐? 길면 새로운 진리로 등장한 그것에 발목이 잡히는 수가 있기 때문이다. 한 번의 진리는 새로운 몰락으로 나아가야만 한다. 그렇게 순간적인 깨달음이 또 다른 순간적인 깨달음으로 이어질 때, 영원히 반복될 때, 영원회귀할 때라야만 진정한 차라투스트라, 영원히 몰락=생성하는 삶이 가능하다.

누차 강조하지만, 차라투스트라는 어떤 완성된 인물이 아니다. 그것은 우리들 속의 차라투스트라이다. 우리들 속에서 지속적으로 생성하는 진리다. 따라서 우리가 회귀시켜야 하는 것은 고정된 차라투스트라가 아니라, 지속적으로 생성하는, 몰락과 생성을 반복하는 차라투스트라여야 한다. 이러한 과정-존재로서의 차라투스트라를 설명하려고 한다면, 당연히 그의 정오, 깨달음의 순간은 짧아야만 한다. 그래서 '위대한 정오'다.

영원 회귀, 뱀과 독수리로!!

위대한 정오의 순간, 차라투스트라의 머리 위로 독수리 한 마리가 날고 있다. 그리고 그 독수리에게 뱀 한 마리가 매달려 있다. 오호라, 이 구절이 여러분 가슴속에 비수처럼 꽂히기를! 그야말로 영원회귀의 그림 아닌가.

독수리는 용맹을, 뱀은 지혜를 상징한다. 그리고 독수리의 목을 감은 뱀은 영원회귀를 상징하는 원환(圓環)이다.

이들은 차라투스트라가 아직도 살아 있는지를 알아내려고 찾아온 것이다.

위대한 깨달음의 순간에 이들이 등장했다는 사실에 주목하라. 그것은 내 속의 독수리와 내 속의 뱀의 등장이다. 내 속의 용기와 내 속의 지혜가 저 깊은 심연에서 높은 하늘로 솟구쳐 오름이다. 이들이 나의 살아 있음을 확인하고 내게 새로운 길을 제시한다. 내가 바로 '나의 길'을 제시하는 주인공인 것이다. 내 속에 도사린 뱀과 독수리를 스스로 발견한 자, 그가 바로 차라투스트라이다. 오늘의 차라투스트라들이여, 그대 속에 숨겨진 뱀과 독수리를 길어 올릴지니!

이제 영원회귀의 진정한 의미가 드러난다. 그것은 위대한 정오의 순간(착각하지 말라! 12시 정각을 의미하는 것이 아니다. 내 속의 독수리와 뱀이 솟구치는 순간이다. 따라서 태양은 나의 독수리와 뱀이다.)의 영원회귀다. 내 속의 긍정할 만한 욕구가 솟구쳐 오르는 순간의 반복! 그러므로 영원회귀는 특정한 것의 단순 반복이 아니다. 내 속에 도사린 '힘을 향한 의지'로 지속적으로 회귀함이요, 그것의 지속적인 드러남, 드러냄이다. 가장 긍지 높은 짐승이자, 가장 영리한 짐승, 독수리와 뱀. 가장 긍지 높고 가장 영리한 나! 이 긍지와 영리함의 영원회귀!

이 긍지와 영리함은 언제나 함께 있어야 한다. 서로 떨어져서는 안 된다. 언제나 반복적으로 함께 내게서 드러나야 한다. 그러기 위해서는 늘 몰락, 즉 내려감을 감행해야만 한다. 왜냐? 내려감의 곳, 즉 지상과 몸, 그 혼돈에서만 나의 독수리와 나의 뱀은 길어 올려지기 때문이다. 이것이 '대지가 위버멘쉬의 뜻'이라고 말한 것의 참 의미다.

언제나 이 짐승들과 함께 있어야 한다. '사람과 더불어 있는 것이 짐승들과 더불어 있는 것보다 더 위험한 일'이기 때문이다. 이것은 성자가 짐승들과 더불어 있는 것과 차원이 다른 말이다. 성자의 짐승은 그야말로 자연의 법칙에 순응하는 짐승들, 베푼 자를 따르는 짐승들이다. 차라투스트라의 짐승은 자신 속의 짐승, 욕망, 용기, 지혜다. 이들과 함께 있을 때 지상의 위험에 기꺼이 뛰어들 수 있다. 그러니 "나의 짐승들이여, 나를 인도하라!"

영원회귀의 조건, 가능하지 않은 것을 소망하기

나는 더욱 영리해지고 싶다! 나의 뱀처럼 철저하게 영리해지고 싶다. 그러나 나는 가능하지 않은 것을 소망하고 있다. 그리하여 나의 긍지가 나의 영리함을 결코 잃지 않기를 당부한다!

그리고 언젠가 나의 영리함이 나를 떠나버린다면, 아, 영리함은 달아나기를 좋아한다! 그렇게 되면 나의 긍지도 나의 어리석음과 함께 날아가 버리기를!

철저하게 영리해지고 싶다는 소망은, 그러나 가능하지 않은 소망이다. 그런데 그 다음 이어지는 말을 보라. '그리하여' 나의 긍지가 나의 영리함을 결코 잃지 않기를 당부한다, 라고 되어 있다. 왜 '그리하여'인가? 이 비밀을 이해해야 영원히 지속적인 생성의 삶, 죽는 순간까지 영리하고 긍지 넘치는 삶을 살 수 있다.

이뤄질 수 없는 것을 꿈꾸는 자만이 지속적으로 창조하는 삶을 살 수 있다. 그런 자만이 끊임없이 몰락하고 생성하는 삶을 살 수 있다. 안주하지 않는 삶, 영원히 비판하는 비판자로서의 삶, 말이다. 이것은 사르트르의 말이기도 하다. '영원한 비판자, 지식인'의 삶을 살려고 하는 자는 이룰 수 없는 가치를 지향해야 한다. 그래야 머물지 않고 나아갈 수 있다. 죽는 날까지. 그래서 '그리하여'라고 말하는 것이다.

나의 영리함이 나를 떠나버리는 때, 그때는 더 이상 영리함이 회귀하지 않는 때다. 그럴 때라면 나의 긍지도 어리석음과 함께 가라! 어리석은 긍지란 무엇인가? 절대화된 진리, 도덕에 몸을 맡긴 채 마치 대단한 것인 양 확신을 가지는 것 아닌가. 그걸 무리 앞에서 떠벌이고, 그 떠벌임을 찬양하는 무리들의 입방아에 흡족해함 아닌가. 그런 긍지라면 차라리 어리석음과 함께 사라져버려라. 차라리 죽어버려라.

차라투스트라의 몰락은 이렇게 시작되었다

두 번째 몰락이다. 첫 번째 몰락은? 산 속에서 넘치는 지혜를 어쩌지 못해 지상으로 내려왔을 때다. 지상에서 한 번의 낮과 한 번의 밤을 보낸 후 맞이한 정오에 그는 두 번째 몰락을 시작한다. 첫 번째 몰락이 지상으로 내려감이었 듯이 두 번째 몰락 역시 지상으로 내려감이 된다.

몰락은 '내려감'이다. 혼돈의 곳, 따라서 가능성의 곳으로 내려감이요, 기어듦이다. 넘치는 자신의 지혜를 가진 자가 바닥을 박박 기는 장면을 떠올리면 된다. 그곳 혼돈의 곳에서 그의 지혜는 바닥을 드러낸다. 그리고 혼돈의 곳에서 그의 지혜는 새로운 지혜를 얻는다. 이것은 지혜만 가졌 다고 할 수 있는 일이 아니다. 용기도 필요하다. 내려감은 용기와 지혜, 모두를 겸비한 자만이 할 수 있는 일이다.(지혜라는 말에 주눅들 필요는 없다. 여기서의 지혜란 기존의 것에 대한 앎이 아니다.)

진정으로 '몰락=내려감'을 감행하는 자는 자신의 지혜를 남김없이 '낭비'해야 한다. 대지에 완전히 쏟아 부어야 한다. 적당히 붓고 남기면 안 된다. 그래서는 차지 않는다. 그렇기 때문에 차라투스트라는 숲속의 성자에게 '적선하기에 나는 너무 부자다'라고 말했던 것이다. 다 쓰려고 하는 자에게 적선이란 말은 아예 성립조차 안 된다. 어차피 쓸 것이었으므로 누구에게 주었다는 인식조차 없다. 그러므로

아낌없이 낭비하라. 그래야 찬다. 그래야 '혼돈=가능성'의
곳인 대지와 몸은 새로운 용기와 지혜를 되돌려준다. 그래
야 영원히 회귀할 수 있다. 따라서 몰락은 내려감이요, 쏟아
부음이다.

제시문 (가), (나), (다), (라)는 모두 오늘날 인류가 처한 현실을 인간과 언어 사이의 관계라는 차원에서 해석하고 있다. 그들의 공통점이 무엇인지를 밝히고 그것을 토대로 네 편의 글이 어떻게 연관되는지를 서술하라. 그런 다음 그러한 특징적 양상을 보여주는 또 다른 사례를 현실에서 찾아 구체적으로 설명하라. 〈1,200~1,400자〉 (2008 서강대 수시 2-1 기출_문학/사회과학/법학/커뮤니케이션학부)

(가)

　　일찍부터 우리는 믿어 왔다 / 우리가 하느님과 비슷하거나 / 하느님이 우리를 닮았으리라고

　　…중략…

　　왼쪽과 오른쪽 또는 오른쪽과 왼쪽에 / 눈과 귀와 팔과 다리를 하나씩 나누어 가진 / 우리는 언제나 왼쪽과 오른쪽을 견주어 / 저울과 바퀴를 만들고 벽을 쌓았다

　　나누지 않고는 견딜 수 없어 / 자유롭게 널려진 산과 들과 바다를 / 오른쪽과 왼쪽으로 나누고

　　…중략…

　　우리의 모습이 너무나 낯설어 / 온몸을 푸들푸들 떨고 있는 / 도다리의 몸뚱이를 산 채로 뜯어먹으며 / 묘하게도

두 눈이 오른쪽에 몰려 붙었다고 웃지만

　　아직도 우리는 모르고 있다 / 오른쪽과 왼쪽 또는 왼쪽
과 오른쪽으로 / 결코 나눌 수 없는 / 도다리가 도대체 무
엇을 닮았는지를

—김광규 "도다리를 먹으며"

(나)

　　민족마다 선과 악에 대해 각기 고유한 언어를 지니고
있다. …중략… 각 민족은 도덕과 법에 있어 그들만의 언어
를 만들어냈다. …중략… 차라투스트라는 많은 나라를 보
았고 많은 민족을 접하였다. 그리하여 그는 많은 민족의 선
과 악을 발견하였다. 차라투스트라는 세상에서 선과 악보
다 더 큰 권력을 발견하지 못했다. 처음에 먼저 가치 평가
를 하지 않는 민족은 살 수 없을 것이다. 한 민족이 자신을
보존하려면 이웃 민족이 하는 대로 가치 평가해서는 안 된
다. 이 민족에게는 선한 것으로 불리는 많은 것들을 저 민
족은 몰상식하고 수치스러운 것으로 여겼다. 이제 나는 알
았다. 많은 것들이 여기서는 악한 것으로 불리지만 저기서
는 보랏빛 명예로 치장된다는 것을 알았다. 이웃 민족끼리
서로를 이해한 적은 결코 없었다. 언제나 한 민족의 영혼은
이웃 민족의 광기와 악의에 놀라움을 금치 못하였다.

—니체 〈차라투스트라는 이렇게 말했다〉

(다)

　세계를 '그들'과 '우리'라는 양극화된 용어로 보지 않기란 힘든 일입니다. 과거에 미국 대외정책의 고립주의를 강화해 줬던 이런 용어들이 오늘날에는 제국주의를 강화하고 있습니다. 미국인들은 적과 아군이라는 용어로 세계를 바라보는 경향이 있습니다. 적은 저곳 어딘가에 존재합니다. 그래서 미국인들은 늘 '저곳에서' 싸움을 벌이죠. 옛날에는 러시아와 중국의 공산주의자들이 '우리의 생활방식'을 은밀하면서도 무자비하게 공격하는 존재들이었다면, 이제는 이슬람 근본주의자들이 그런 존재가 됐습니다. 사실, 테러리스트는 공산주의자보다 훨씬 신축적인 단어입니다. 이 단어를 쓰면 갖가지 상이한 갈등과 이해관계를 모두 포괄할 수 있죠. 이 단어가 뜻하는 바는 언제까지나 전쟁이 끝나지 않으리라는 겁니다. 테러리즘은 늘 존재하기 마련이니까. 빈곤과 암이 늘 존재할 것처럼 말입니다.

—수전 손택 〈타인의 고통〉

(라)

　오리엔탈리즘이란 오리엔트 곧 동양에 관계하는 방식으로서, 서양인의 경험 속에 동양이 차지하는 특별한 지위에 근거하는 것이다. 동양은 유럽에 단지 인접되어 있다는 것만이 아니라, 유럽의 식민지 중에서도 가장 광대하고 풍요하며 오래된 식민지였던 토지이고, 유럽의 문명과 언어의 연원이었으며, 유럽 문화의 호적수였고 또 유럽인의 마음속 가장 깊은 곳으로부터 반복되어 나타난 타인의 이미지이 기도 했다. 나아가 동양은 유럽(곧 서양)이 스스로를 동양과 대조가 되는 이미지, 관념, 성격, 경험을 갖는 것으로 정의하는 데에 도움이 되었다. 그러나 이러한 동양은 어떤 의미에서도 단순히 상상 속의 존재에 그친 것은 아니다. 그것은 유럽의 '실질적인' 문명과 문화의 구성 부분을 형성했다. 곧 오리엔탈리즘은 동양을 문화적으로 또는 이데올로기적으로 하나의 모습을 갖는 언설로서 표현하고 표상한다. 그러한 언설은 제도, 낱말, 학문, 이미지, 주의주장, 나아가 식민지의 관료제도나 식민지적 스타일로써 구성된다.

—에드워드 사이드 〈오리엔탈리즘〉

미국에서 1억부 이상 판매된 기적의 논술가이드
클리프노트가 한국에 상륙했다!!

방대한 고전을 하루만에 독파하는 스피드
다락원 명작노트 **CliffsNotes™** 시리즈는

▶ 미국대학위원회, 서울대, 연·고대 추천 고전을 알기 쉽게 재구성한 대한민국 대표 논술교과서 입니다.　▶ 작품의 핵심내용과 사상, 역사적 배경, 심볼, 작가의 의도 등을 명확하게 정리하여 방대한 원 작을 쉽고 빠르게 이해할 수 있게 해줍니다.　▶ 미국에서 리포트, 논술용으로 1억 부 이상 팔린 초베스트 셀러의 명성에 비평적 사고와 논리적 글쓰기의 모델을 제시하는 〈一以貫之〉의 논술 노트를 통해 사고 능력, 읽기 능력, 쓰기 능력을 체계적으로 길러줍니다.

★〈一以貫之〉 논술연구모임: 대입 논술이 시작될 때부터 학원과 학교에서 논술을 가르쳐온 전문가들의 모임입 니다. 현재 서울·분당·평촌·인천·광주·부산·울산 등의 유명 학원과 고등학교의 논술강의 현장에서 학생들이 '자신의 물음'과 '자신의 생각'을 갖고 '자신의 글'을 쓸 수 있도록 도와주고 있습니다.

다락원 명작노트 **CliffsNotes™** 시리즈 50권 출간

001 걸리버 여행기　002 동물농장　003 허클베리 핀의 모험　004 호밀밭의 파수꾼　005 구약 성서

006 신약 성서　007 분노의 포도　008 빌러비드　009 이반 데니소비치의 하루　010 카라마조프 가의 형제들

011 순수의 시대　012 안나 카레니나　013 멋진 신세계　014 캉디드　015 캔터베리 이야기　016 죄와 벌

017 크루서블　018 몽테크리스토 백작　019 데이비드 코퍼필드　020 프랑켄슈타인　021 신곡

022 막대한 유산　023 햄릿　024 어둠의 심연 外　025 일리아드　026 진지함의 중요성　027 제인 에어

028 앵무새 죽이기　029 리어 왕　030 파리대왕　031 맥베스　032 보바리 부인　033 모비딕

034 오디세이　035 노인과 바다　036 오셀로　037 젊은 예술가의 초상　038 주홍 글씨　039 테스

040 월든　041 워더링 하이츠　042 레미제라블　043 오만과 편견　044 올리버 트위스트　045 돈키호테

046 1984년　047 이방인　048 율리시스　049 실낙원　050 위대한 개츠비

Chapter 1

낯선 시각으로 바라본 '나', 그리고 '인간'

작가 노트 | 작가에 대해 꼭 알아야 할 배경지식이 담겨 있습니다.

작품 노트 | 작품의 개요, 전체 줄거리, 등장인물 등 작품 전반을 이해하는 데 필수적인 부분을 실어 놓았습니다.

Chapter별 정리 노트 | 각 장의 '줄거리'와 '풀어보기' 가 들어 있습니다. '줄거리'에서는 원작의 내용을 명쾌하게 파악할 수 있습니다. '풀어보기'에서는 원작에 담긴 문학적 경향, 주제, 상징 등을 다루었습니다.

인물분석 노트 | 등장인물에 대한 보다 면밀한 분석이 들어 있습니다.

마무리 노트 | 작품의 주제 등 보다 넓은 시각에서 작품을 볼 수 있도록 도와줍니다.

Review | 작품 이해도를 묻는 질문 코너입니다. 다양한 질문에 답하다 보면 작품에 대한 포괄적이고 의미 있는 파악이 가능해집니다.

一以貫之 논술 노트 | 권말에는 일이관지 논술연구모임에서 작성한 해당 작품과 관련한 논술 노트가 실려 있습니다. 원작을 우리의 삶과 연계시켜 비판적 사고와 논리적 글쓰기의 방향을 제시합니다.

실전 연습문제 | 해당 작품을 바탕으로 출제 가능성이 높은 논점을 함께 숙고해 봅니다.

★ 변형 국판 ★ 각권 8,500원

죄와 벌 · 신곡:지옥편 · 햄릿 · 노인과 바다 · 돈키호테

〈행복한 명작 읽기〉는 기초가 약한 영어 초급자나 초, 중, 고 학생들이
보다 즐겁고 효과적으로 명작들을 읽으며 독해력을 키울 수 있도록 개발된
독해력 증강 프로그램입니다.

국판 | Grade 1, 2, 3 각권 **6,000원**(오디오 CD 1개 포함)
Grade 4, 5 각권 **7,000원**(오디오 CD 1개포함)
*어린왕자 8,000원(오디오 CD 2개 포함)
**고도를 기다리며 9,000원(오디오 CD 2개 포함)

책의 특징

1 골라 읽는 재미가 있다. 초보자를 위한 350단어 수준에서 중고급자를 위한 1,000단어 수준까지 5단계 구성.
2 단계별로 효과적인 영어 읽기 요령과 영문 고유의 참맛을 느낄 수 있는 장치가 곳곳에.
3 읽기만 해도 영어의 키가 쑥쑥 – 해석을 돕는 돼지꼬리(‿), 영어표현 및 문법 설명, 퀴즈가 왕창.
4 체계적인 듣기 학습까지. 전문 미국 성우들의 생동감 넘치는 원음을 담은 오디오 CD 제공.

Grade 1 Beginner	**Grade 2** Elementary	**Grade 3** Pre-intermediate	**Grade 4** intermediate	**Grade 5** Upper-intermediate
350words	**450**words	**600**words	**800**words	**1000**words
1 미녀와 야수	11 이솝 이야기	21 톨스토이 단편선	31 오페라 이야기	41 센스 앤 센서빌리티
2 인어공주	12 큰 바위 얼굴	22 크리스마스 캐럴	32 오페라의 유령	42 노인과 바다
3 크리스마스 이야기	13 빨간머리 앤	23 비밀의 화원	33 어린 왕자*	43 위대한 유산
4 성냥팔이 소녀 외	14 플랜더스의 개	24 헬렌 켈러, 나의 이야기	34 돈키호테	44 셜록 홈즈 베스트
5 성경 이야기 1	15 키다리 아저씨	25 베니스의 상인	35 안네의 일기	45 포 단편선
6 신데렐라	16 성경 이야기 2	26 오즈의 마법사	36 고도를 기다리며**	46 드라큘라
7 정글북	17 피터팬	27 이상한 나라의 앨리스	37 투명인간	47 로미오와 줄리엣
8 하이디	18 행복한 왕자 외	28 로빈 후드	38 오 헨리 단편선	48 주홍글씨
9 아라비안 나이트	19 몬테크리스토 백작	29 80일 간의 세계 일주	39 레 미제라블	49 안나 카레니나
10 톰 아저씨의 오두막	20 별 | 마지막 수업	30 작은 아씨들	40 그리스 로마 신화	50 나에겐 꿈이 있습니다 –명연설문 모음

쉬운 영문을 통해 영어 독해에 대한 막연한 두려움을 없앤다
왕초보 기초다지기

실력에 맞게 효과적으로 끊어 읽으며 직독직해 훈련을 한다.
실력 굳히기

영문판 원서 도전을 위한 전 단계의 준비과정이다.
영어의 맛 제대로 느끼기